権力の核心

「自民と創価」交渉秘録

柿﨑明二
Kakizaki Meiji

JN197982

小学館新書

はじめに

日本の政治は、いかなるものなのか。それを端的に、かつ雄弁に物語る出来事だった。

2023年11月19日夜、当時の岸田文雄首相が、創価学会を巨大宗教団体に育て上げた池田大作名誉会長の死去を受けて、東京都新宿区の学会本部別館を訪れ、原田稔会長や池田氏の長男である博正《ひろまさ》主任副会長と面会、自民党総裁として弔意を示したのだ。

池田氏の死去は15日。岸田氏は弔問前日には「御逝去の報に接し、深い悲しみにたえません。池田氏は、国内外で、平和、文化、教育の推進などに尽力し、重要な役割を果たされ、歴史に大きな足跡を残されました。ここに謹んで御冥福をお祈りするとともに、御遺族の方々および御関係の方々に対し衷心《ちゅうしん》より哀悼の意を表します」とのコメントを「内閣総理大臣　岸田文雄」名でX（旧ツイッター）に投稿している。

現職の首相が特定の宗教団体の指導者に弔意を表したことに対しては「政教分離に違反

している」など批判の声が上がった。Xの投稿では創価学会という団体名は挙げていないが、功績とした「国内外で、平和、文化、教育の推進」は学会指導者として行ったものだからだ。

批判について当時の松野博一官房長官は記者会見で、「公明党の創立者である池田氏に個人として哀悼の意を表するため、首相個人のSNSアカウントで弔意を示した」として政教分離違反を否定した。政教分離違反かどうかは議論が残るところだが、岸田氏が弔問したのは、松野氏が指摘するように池田氏が連立政権のパートナーの公明党の「創立者」であり、長らく決定的な影響力を持ち続けたという経緯があるからだろう。

他方、後ほど説明するように自民党と創価学会の関係は公明党結党前にさかのぼり、その当事者は首相と学会会長だった。そして、その関係は人物を代えながら水面下で続いてきた。この事実を踏まえれば岸田氏の弔問は、自民党と学会の長く、深い関係をわかりやすく世の中に明らかにしてみせた。

弔問の翌2024年の10月で自民党と、池田氏が創設した公明党による連立政権が発足してから25年となる。1999年以降、下野した3年3カ月(2009年9月〜2012年12月)を除き、両党は政権をともに担い続けた。自民党と創価学会の関係から見れば一時期にすぎないが、連立政権の長さは日本政治史上かつてなく、世界に目を向けても珍しいケースだ。

自公連立政権の節目の年に自民党は、派閥の政治資金パーティー裏金事件という党内統治の根幹を直撃する未曽有《みぞう》の不祥事に揺さぶられているが、政権運営は公明党との連立政権維持を前提にすることができている。

四半世紀前、共同通信社政治部の記者だった私は、小渕恵三内閣の官房長官として自民、自由、公明3党の連立政権発足を、自民党幹事長として自公を軸とした選挙協力を推進した野中広務氏を取材していた。その頃、生まれたばかりの次女は今や社会人となっている。当時、自公関係が、これほどの長期間継続することになるとは想像できなかった。というよりも25年も先のことに考えが及ばなかった。

その後、私は論説委員から菅義偉内閣の首相補佐官に転じ、現在は大学で教員を務めている。小渕内閣で野中氏を取材していた経験がきっかけで、自民党と公明党、そして創価学会の関係をどう捉えればいいのか考え続け、取材、研究を重ねてきた。たどり着いたのが、「自民党と創価学会」を軸に据《す》えることで自公の本質が見えるのではないかという結論だった。

「ビューティフル・ハーモニー」。自公連立政権が発足後20年を迎えた2019年、故・安倍晋三元首相は両党関係をこう表した。ビューティフルかどうかは議論があるところだが関係の長さを考慮すれば自公がある種のハーモニー、調和を保ってきていたとは言える。自公はポスト配分数をほぼ固定化し、主張はぶつけ合うものの最終的には合意に至る政策決定システムを築いた。ともかく、何らかの合意を得ることを最優先し、妥協し合い、連立崩壊に至るような事態は避ける。予定調和である。政治は「可能性の術」とも表現される。予定調和的な関係は「美しい」のかもしれない。

自公連立政権の特徴を説明する場合、ポスト配分や政策決定システムに言及されることが多い。しかし、システムを築くことと、それを20年以上もの間、維持し続けることは別次元の話である。長期にわたって予定調和関係を保ち続けることができた秘訣を探るのが本書の目的の一つである。

まず、野党時代を含むこの自公の四半世紀を、連立政権ではなく選挙協力を基盤とする「政党ブロック」という切り口で捉えなおす。下野した後、さらに政権復帰後も続いたあり方こそが自公関係の本質だからだ。

自公の選挙協力は、それ以上ないほどの緊密さである。小選挙区で自公側の候補者を絞り、自民党候補を公明党が、公明党候補を自民党が相互支援する。しかし、公明党が小選挙区での候補者を10人程度に絞っているため、ほとんどの小選挙区では自民党候補が公明党の支援を受けることになり、相互支援は自民党側に有利なアンバランスとなる。

支援が一方的にならないように行われているのが、小選挙区と比例代表の票のバーターである。小選挙区の自民党候補者が公明党の支援を受けるかわりに支持者に対して、「比例代表は公明党と書いて下さい」と呼びかけるのだ。このバーターのおかげで自民党の候補者は平均2万票、一方、公明党は比例代表で数十万票も上積みされていると見られる。野中氏が「これをやらないと連立政権が長続きしない」と党内の反発を押し切って推し進め、2000年の衆院選に間に合わせてスタートさせた選挙協力だ。

自公は野党時代、白紙状態になった政党ブロックを再構築し、いったん失った政権を奪還した。1999年の連立政権樹立を起点に自公が協力して国政選挙を戦い、政権を維持、獲得している自公政党ブロック（以下、自公ブロック）時代を自民党一党優位体制である「55年体制」になぞらえて、「99年体制」と呼ぶことも可能ではないかとも提起した。

野中氏らを「抵抗勢力」「古い自民党」、自らを「改革者」と位置付ける劇場型政治で長期政権を築いた小泉純一郎政権、そして国政選挙連勝により一強と呼ばれた安倍政権も小渕内閣で野中氏らが築いた体制の中にあった。

「自民党と創価学会」という関係から政党ブロック、あるいは連立政権としての自公の強靭性を探るというアプローチはこれまでほとんどとられてこなかった。政党同士の関係を中心にして、その背景に支持母体の学会を位置付けるというのが報道、研究では王道だからだろう。

ただ前述したように、記者、首相補佐官、大学教員とそれぞれの立場で、自公という特殊な関係をどう捉えればいいのかを考え続けてきた結果、自民党と創価学会を真正面に据えて眺めてみた方が実態に近づけるのではないかという考えに至った。

第1章で「99年体制」という区切りで現状を説明する。その上で、第2章で時代を大きくさかのぼり、支持母体の創価学会が公明党を結党する以前に目を移す。当然、対象は公明党ではなく学会。時期は自民党結党直後になる。

さらには第3章で創価学会主導の民社党との合併構想を、4章では激しく対立していた共産党との協定作成を振り返る。民社党との合併構想は、これまでほとんど取り上げられてこなかった問題だが、学会、公明党が当時、置かれていた厳しい状況をうかがい知ることができる。

第5章では、革新を志向していた創価学会、公明党が現実路線、さらには保守化の道を歩み、自民党内の内紛に関与していく様子を描く。第6、7章では非自民の細川護熙《もりひろ》連立政権の誕生で野党に転落した自民党が学会、公明党を激しく攻撃した後に和解し、連立政権に至る過程をたどる。

メディアなどであまり注目を浴びないが、自公ブロックという視点から見れば最も重要な時期である「野党自公」の3年余りを第8章で振り返る。そして、終章では、状況に応じて変化を見せる自公の柔軟性の基底には自民党の結党時以来の融通《ゆうずう》無碍《むげ》さがあることを指摘している。

本書で取り上げるこれらの動きには「政治の理想」からは大きくかけ離れているものも少なくない。しかし、自公関係が長続きする、理屈では割り切れない理由が浮かび上がっている。現在の自公連立政権に対しても、両党が長らく対立関係にあったことから、政権に居座り続けることだけを求める「野合」、理念や政策の違いを棚上げした「数合わせ」などの批判がある。

私も政治記者だった当時、同趣旨の批判をしていた。ただ、選挙協力ができず、分立状態から脱することができない野党に対して、自公関係に学び、新党ではなく、政党ブロックを目指せとも主張していた。

野党時代の自公ブロックは、衆院選に小選挙区比例代表並立制を導入した政治改革の目的である「政権交代」を、民主党に続いて実現した。野党に転落後の政権奪還という意味では先駆的である。野党だけでなく、支持者も学ぶ価値があるはずだ。本書では政党ブロックとそれを支えるものに着目しており、政治と宗教の問題については当時の議論とその後の研究を紹介することで、新たな視点が必要ではないかと指摘している。

「野合」「数合わせ」、あるいは「政教一致」などの批判は常時、メディア、野党から発せられ、その論拠とともに多くの有権者に届いている。両党の中核的な支持層を除けば、批判に納得している有権者も少なくはない。それなのに自公は衆参両院選挙で勝ち、政権を担い続けている。勝因の一つは、小選挙区と比例代表にわたる相互支援を含む選挙協力であり、それを可能とする創価学会、公明党の機動的な集票力である。

さすがに四半世紀近くも経てば連立政権や選挙協力にも劣化がみられる。2023年、東京都での選挙協力をめぐって一時、協力関係が「白紙」になったり、自民党の派閥政治資金パーティー裏金事件を受けた政治資金規正法改正案を自公が共同で提出できなかったりした。選挙協力の核心である学会、公明党の集票力の低下という現象もある。自公両党を安定させる幹部間の人的なつながりの弱体化も指摘されている。冒頭で触れたように公明党創設者の池田氏も亡くなった。

しかし、なぜ、自公は批判を受け続けながらも、これだけの長期間、政党ブロック、そして連立政権を続け、国政選挙で勝ち続けることができたのか。この要因を見極める作業は日本政治を考える上で必要だろう。

自公連立政権が長らく続いたということは政治改革の目的である政権交代の常態化が実

現していないということだ。政権交代自体は可能なのだが、それが繰り返されないところに問題がある。その責任は制度あるいは政権与党だけでなく、野党にも帰せられるべきものだ。政権交代は野党が勝利することによって成し遂げられるからだ。

「与党は国民のためによくない。私たちが政権を担います」と選挙のたびに叫ぶものの結局、政権を獲得できないのは「国民のためによくない与党」を利するという点で与党以下ということになる。

かつて「社会党の万年野党化」が「自民党の永久与党化」を招き55年体制を長らえさせた。99年体制となっても野党がその壁を崩せないというのでは、日本政治は本質的な進化を遂げていないということになる。

権力は必ず腐敗する。この言葉に象徴されるように政権与党が自己修正、自己改革をしていくには限界がある。であるがゆえに野党は政権を獲得する可能性を高めて政権与党に緊張感を与えることが期待される。

強い野党の存在が政権与党の自省を促す。仮に政権与党が自己修正・改革をできなければ野党が代わって政権を担わなければならない。しかし、野党が現状にとどまることなく、多くの選択肢を持って強靭な存在になっていくためには、支持者だけではなく多くの有権者が、現象面にとらわれず政治を見る必要がある。

自民党と公明党が政権与党であり続け、立憲民主党、日本維新の会などは分立して野党にとどまり続けるだろうという現状追認では状況は固定化する一方だ。

人々がある状況になると思い込んで行動することで、思い込みが実現してしまうことを「予言の自己成就」という。自公が政権に復帰して以降の10年余り、「どうせ自公が勝つ」という思い込みが投票所から有権者を遠ざけ、投票率が下がることで、固い支持層を持ち、選挙協力し合う自公ブロックが勝利を重ね、予言は成就し続けてきた。今、必要な予言は「常に政権交代はありうる」であろう。

自公の背景には長い自民党と創価学会の関係があること、そして緊密な選挙協力に基づいて形成される政党ブロックこそが関係の本質であることを認識すべきだ。それは、今の野党に多弱状態を脱し、政権を脅かすような状況をつくり出すよう促すきっかけになるだろう。新たな予言の自己成就はその先にある。

権力の核心　「自民と創価」交渉秘録

目次

新進党の瓦解
唐突な和解
陣笠の異議申し立て
菅義偉氏の造反
派閥の原点は保守合同
田中支配と派閥の変貌
残った二重権力
派閥連合から政党連合へ

第8章 野党ブロックで政権奪還

風雪に耐えた連立
歴史的惨敗
自民支持層の心変わり
自公連携は白紙に
小選挙区撤退論
民主失速と自公回帰
野党乱立と低投票率

第1章

野中広務の99年体制

四半世紀に及ぶ自公ブロック

現在まで続く自民党と公明党の選挙協力体制が現場レベルでも一応の完成を見せたのは、自自公連立政権をスタートさせた翌年の2000年6月に行われた第42回衆院選の直前だった。この章ではまず、当時の雰囲気がうかがえる、兵庫県の選挙対策会議の様子を振り返る。その後、初の選挙協力がどの程度、奏功したのかを検証、さらに今では当たり前になっている協力体制がどのように構築されたのかをたどる。

「『自・公・保』の大勝利で政治の安定と改革、兵庫から景気回復のうねりを」（『神戸新聞』2000年6月13日付朝刊）

公示を翌日に控えた6月12日、神戸市内で、兵庫県の自民、公明両党の県組織が初の合同選対会議を開き、当時の与党、自民、公明、保守3党の結束を強調した右のスローガンが打ち出された。兵庫県では自公の協力体制づくりがずれ込んでいた。合同選対立ち上げは、選挙協力体制の仕上げを象徴していた。

与党の選挙協力協議は、前年1999年10月、公明党が自民、自由両党の連立政権に参加して以降、自由党の分裂と連立離脱という曲折を経ながらも進められていた。自由党のうち連立残留を選んだ勢力によって結成されたのが保守党。「自公保」は今となっては違和感のある表現だが、当時の与党の略称だった。

この衆院選にあたり、選挙協力を行うことは連立合意の中に盛り込まれており、責任者である野中広務幹事長が推し進めた。公明党が公認候補を擁立する全国18の小選挙区のうち4つは自民党と調整がつかず、競合するなど候補者を一本化できなかった選挙区もあったものの、当初の想定以上のスピードで進んだ。

しかし、兵庫県では細川護熙政権の与党枠組みを踏まえて1994年に誕生した、公明党、民主党、連合兵庫などでつくる「非自民、非共産」の選挙協力体制である「連合・五党協議会」が機能しており、それからの転換作業が残っていた。

特に公明党兵庫県本部の動向が注目されていたが、6月12日の合同選対会議終了後、記者会見した赤松正雄代表が「民主党の候補を応援することはない」と連合・五党協からの離脱を明言した。

自公関係は「連立政権」という言葉で説明される。しかし、これでは完全には説明しきれない。2009年からの3年余の野党時代があるからだ。下野直後、公明党は関係の見直しを模索したが、翌年の参院選では地域ごとの協力は維持され、非改選も含めて民主党政権を参院過半数割れに追い込んだ。2012年衆院選では協力体制を一定程度、復活させ圧勝、政権に復帰した。野党時代も続いたのが国政選挙、特に衆院選での協力である。

中央大学教授の中北浩爾《なかきたこうじ》氏は『自公政権とは何か 「連立」にみる強さの正体』(ちくま新書)で、選挙と連合政権形成の関係について、ソナ・ゴールダーの「選挙前連合」形成に関する研究を紹介している。具体的には「選挙運動で連携したり、統一候補の擁立(選挙区)や統一名簿の作成(比例代表)を行ったり、選挙後に一緒に政権入りすることを公然と合意したりするような政党間の連合」とされる。

野党時代を含めて自公はこの選挙前連合を繰り返してきた。勝利した場合は連立政権を維持し、敗北した際は、途切れたものの国会対策や選挙での協力を再構築した。この選挙前連合に基づいて連携し続けた関係は、「政党ブロック」と位置付けることができる。

自民党一党優位を特徴とする55年体制が、非自民の細川連立政権の誕生によって崩壊した後、日本政治は政権の枠組み変更を繰り返したが、1999年に自自公連立政権が発足した。

選挙協力については1999年10月、自民党総裁で首相の小渕恵三、自由党党首の小沢一郎、公明党代表の神崎武法《かんざきたけのり》の3氏によって交わされた連立政権合意書の3項目で「次期総選挙においては、小選挙区の候補者調整を行う」と触れられている。

次の衆院選に特定する表現で、対象も小選挙区で与党側の候補者を1人に絞る調整にとどまっている。公明党が連立政権に加わったことで、自民党に対する交渉能力が相対的に低下する自由党がどう動くのか読めなくなっていた状況を反映した抑制的な表現である。

また、小選挙区の候補者調整の作業が本格化したのは年を越して、2000年に入ってからで、構築された協力体制も、一部だが小選挙区だけではなく比例代表も加えた自公の相互支援まで拡充されており、合意書のレベルをはるかに超えていた。とはいえ、出発点は1999年の合意書である。

その意味で、1999年の連立政権樹立は、55年の保守合同、左右社会党統一とならぶ日本政治の転換点と言える。「自民党一党優位の55年体制」に対して自公両党が政権を維持、獲得している期間を「自公ブロック優位の99年体制」と位置付けることができるだろう。

初戦は公明不調

兵庫県の合同選対会議が初会合した日の翌日から始まった衆院選は6月25日に投開票された。与党3党は合わせて271議席と絶対安定多数を確保したが、自民党は38減で233議席と過半数240を下回り、公明党も11減の31議席、保守党も11減の7議席と総じて振るわなかった。

『選挙協力と無党派』（河崎曽一郎、NHK出版）によれば、選挙協力の戦果を自民党から見ると、公明党から推薦、選挙協力を受けた候補者161人のうち当選したのは113人で当選率は70・20%。比例代表で復活当選した候補者を入れれば当選120人、当選率74・50%で、当選者全体の51・50%だった。

一方、公明党側から見ると、自民党から選挙協力で推薦された候補者14人のうち当選したのは7人で当選率50%、復活当選を合わせても64・3%だった。公明党の中からは「自民党の協力が少なすぎる」という不満が聞かれた。

選挙協力の出だしは公明党にとっては不調だった。ただ、当時の与党は「不人気首相」という、より大きな問題を抱えていた。首相は森喜朗氏。前首相の小渕恵三氏が自由党との連立政権解消を決断した翌日の2000年4月2日に脳梗塞《のうこうそく》で倒れ、4日に総辞職し、森氏が後継に就いた。

しかし、政権移行が自民党幹事長だった森氏自身、青木幹雄官房長官、野中幹事長代理ら5人の話し合いで事実上決まったことが「密室談合」と批判され、その後も「日本は神の国」をはじめとする森氏の失言で失速、朝日新聞の調査では内閣支持率が19％に低迷するなど強い逆風下での選挙戦だった。

このため、メディアでは「政権与党に厳しい審判」という論調が一般的で、公明党内にも不満はあったが、全体としては「問題は森首相、選挙協力は負けを最小化した」という受け止めが浸透していた。投開票後の政局の焦点は森氏の退陣時期に絞られ、選挙協力については自民党の協力に課題が残ったが、やめるという議論にはならなかった。

やはり『選挙協力と無党派』によると、候補者調整に失敗して双方の候補者が戦った4選挙区では自民党2人、民主党、無所属がそれぞれ1人当選したのに対して公明党は4人全員落選した。「公明党が小選挙区で当選すること自体が至難の業」という認識が広まったことも公明党が不満を飲み込む一因になった。

森内閣は2001年4月に総辞職、自民党総裁選では「自民党を変える、日本を変える」と訴えた小泉純一郎氏が党員・党友による地方票の大半を獲得するなど圧勝して首相に就いた。小泉氏はその勢いで7月の参院選に臨み、圧勝した。

2003年11月の衆院選で自公両党は、小選挙区でのすみ分けに成功するなど選挙協力が大きく進展した。自民党候補に対する公明党の推薦率は7割を超え、公明党候補への自民党の推薦率に至っては100%となった。小選挙区の自民党候補が公明党の支援を受けるかわりに「比例は公明に投票を」と訴える小選挙区と比例代表の票のバーターも進んだ。選挙前に自由党と合併、自公に批判的な保守層の受け皿となり得る「二大政党の一翼」として党勢拡大を狙った民主党が、マニフェスト（政権公約）をいち早く掲げて「政権選択」を迫り、比例代表で自民党を抜いて第一党となるなどして40議席増の177議席を獲得する躍進を見せた。

一方、自民党は解散時勢力を維持できず、過半数も下回る237議席にとどまったが、公明党は34議席と3議席上乗せした。また、保守新党を加えた与党3党では275議席と絶対安定多数を確保したことで選挙協力は定着した。

2005年8月、参院で郵政民営化法案が自民党議員の造反で否決されたことを受け、首相の小泉氏が衆院を解散して9月に衆院選が行われた。自民党は同法案に賛成しなかった議員を公認せず、「刺客《しかく》」と呼ばれた対立候補と戦わせる「小泉劇場」を演出し、296議席を得て、公明党の31議席を合わせて衆院の3分の2以上を占めた。無党派層を取り込んだ小泉氏の作戦の方が奏功した格好だったが、この頃には選挙協力は当然のこととなっていた。

2009年衆院選で自公は政権を失うが、国会対応で連携を保ち、2012年の衆院選にあたっては選挙協力を再構築し、民主党から政権を奪還した。権力という接着剤を失ったにもかかわらず、野党から出直して勝利したことで自公ブロックは別次元に入ったことになる。

悪魔か、座布団か

ここで時間をさかのぼり、公明党が連立政権入りする経緯に立ち戻る。1998年7月の参院選で自民党が惨敗し、参院で過半数を失う、いわゆる「ねじれ国会」に陥った。橋本龍太郎首相が退陣、橋本氏の出身派閥の会長だった小渕氏が後を継いだ。

小渕氏は、ねじれ状態では政権が行き詰まりかねないと判断。公明党の協力を得るべく自ら旧知の創価学会の秋谷栄之助会長と連絡をとる一方、官房長官に抜擢した野中氏に実務を任せた。野中氏は、8月15日の終戦記念日の夕方、国会対策委員長の古賀誠氏、前幹事長の加藤紘一氏の3人で話し合い、新進党参加で2つに分かれた旧公明党勢力に連立政権参加を求めていくことで一致した。

野中氏の予想通り、この年の秋の臨時国会では、参院で額賀福志郎《ぬかがふくしろう》防衛庁長官に対する問責決議案が可決され、辞任に追い込まれるなど政権運営は困難を極めた。野中氏らはねじれ解消を目指して連立政権樹立に邁進した。

当時、共同通信社の政治部記者で、「官房長官番」を務めていた私は、その様子を取材していた。この頃、野中氏は私たちに「自民と公明の間に座布団一枚はさむ」とその後の方針を説明していた。そして、先に他党と連立を組んでほしいという公明党側の条件をクリアするため、まず、小沢党首率いる自由党と連立政権を発足させた。

自民党を離党して野党と手を組んで古巣を下野させた張本人として「悪魔」とまで呼んだ小沢氏を口説くにあたって野中氏が一転、「悪魔にひれ伏してでも」と苦渋を語ったが、一方では小沢氏率いる自由党を「座布団一枚」と評していた。

悔し紛れなのか目的達成のための修辞なのか、あるいはその両方なのかはわからない。この時に限らず、野中氏は、その時その場を乗り切るための打開策を探り、実現し続けた。状況は変わるため、振り返ると野中氏には一貫性がなく矛盾しているように見える。

実際、取材をしていて変化する野中氏の言動に違和感を抱いたことがあった。しかし、生の政治は変化し続ける状況に対応するものだ。もちろん、状況の変化よりも一貫性を守るべきだという考えもあるだろう。しかし、京都府で町議、町長、府議と地方の現場で現実と格闘してきた野中氏は状況克服を重視した。是非は別として矛盾をはらむのは必然だった。

ちなみに新進党参加にあたり分党し、この年11月に統一された公明党側の条件について野中氏は『野中広務全回顧録　老兵は死なず』（文春文庫）で「いきなり自民と手を組んだのでは、支持者にとても説明できない。ワンクッションおいてもらわなければ」と記している。ここでは座布団ではなくワンクッションと表現されている。

公明党は細川連立政権に参加して以降、自民党と敵対関係に陥り、政治と宗教の関係を徹底的に攻撃された。矛先は創価学会にも向いた。それなのに自民党と直接、政権をともにするのは世論だけではなく学会員の理解も得にくい。先に他党が自民党と連立政権を樹立し、公明党はその後で参加することで批判、抵抗を最小化したいということだ。

座布団、あるいはクッションという表現は緩衝材も意味していた。しかし、自由党を引き込むことでさえ至難の業だった。気が遠くなるような道のりだったが、野中氏は自自連立を実現し、一方で、公明党の求める政策を実現するなど環境整備にも努め、１９９９年10月、公明党を自自連立政権に参加させた。

元創価学会幹部からの連携提案

野中氏が公明党との連立政権づくりに突き進んだ背景には当然、条件がクリアされれば応じるという公明党側の意向が伝えられていたことがあった。しかし、支持母体である創価学会側の前向きな感触を得ていたことも大きかったようだ。

野中氏の秘書を務めた故・加藤芳輝《かとうよしてる》氏は自公連立政権発足後20年を迎えた頃、その源流を探ろうと取材を重ねていた私に「野中氏は1998年、官房長官に就任する前から旧知の学会関係者に連絡して感触を探り、連立も可能と踏んでいた」と語っている。

その関係者とは誰なのかと問うと「タケオカさん」と名前を明かした。タケオカさんとは、創価学会青年部副男子部長を務めた竹岡誠治《たけおかせいじ》氏だった。竹岡氏の著書『サンロータスの旅人』（天櫻社）への寄稿文で野中氏はいきさつを振り返っている。

「竹岡誠治氏に初めてお会いしたのは、山梨だった。私が自由民主党の総務局長在任中であった。仲介者は佐々木ベジ氏。…総務局というのは、党本部で選挙を仕切る部門で、ちょうどそのころ山梨では、金丸信氏のスキャンダルで、知事選で金丸系が落選し、次いで

（1992年の）参議院の選挙区も厳しい状況であった」（引用のカッコ内は筆者補足、…は中略。以下、同）

会った席で野中氏は竹岡氏に「私の政治の師匠は金丸信です。その金丸が苦境に立っています。知事選と今回の参院選と、続けて負ける訳にはまいりません。どうか、みなさんの力を貸していただけませんか」と頭を下げながら、支援を要請。竹岡氏は「わかりました。私の人生の師匠は池田大作先生です。できる限りの応援をさせていただきますので、どうか野中先生、生涯、創価学会と池田先生をお守りください」と応えたという。

野中氏は「おかげで選挙は、勝利することができた」と振り返り、その後紆余《うよ》曲折《きょくせつ》を経て、急速に両氏は親しくなり、ある時、野中氏は竹岡氏から次のように呼びかけられる。再び寄稿文から引く。

「今、公明党は新進党として、自民党と対立していますが、私は公明党は自民党と組むべきだと思っているのです。戦後五十数年、外国からも侵略されず、国内の内戦がなかった日本は、希有の国です。それは、保守たる自由民主党のおかげです。でも現在、自民党は制度疲労をおこしています。公明党というより、支援母体の創価学会には、池田先生が手塩にかけて育てた青年部がおります。また、何よりも平和を願う健全な婦人部がおります。この創価学会の青年部・婦人部と手を組んで、政局を安定させ、難局を乗り越えようではありませんか」

この提案を野中氏は「自公連携を、私に呼びかけたのであった」と表現している。新進党が存在したのは1994年末から約3年間。「戦後五十数年」という言葉もある。竹岡氏の提案は1995年以降、新進党が解党する1997年末までの間ということになる。野中氏が官房長官として公明党との連立政権樹立に動き出す前から、頭の中にこの提案があったことは間違いないだろう。

創価学会を守ると約束

そして、より着目すべき点は、自民党の選挙対策の実務者である総務局長が、公明党の支援を求めるにあたって党ではなく、支持母体の創価学会に影響力がある人物に協力を求め、その後、政党同士の話である自公連携を提案されているという構図である。

野中氏は選挙での支援を依頼し、竹岡氏は支援を確約した上で、「創価学会と池田先生をお守りください」と応じている。寄稿文で、野中氏は竹岡氏の意向に応じたエピソードを明らかにしている。概要は次のようなものである。

・1993年の衆院選で敗北し、自民党が野党に転落していた時期、野中氏は与野党攻防の主舞台となる衆院予算委員会の責任者である理事をしていた。

・自民党は細川連立政権の一角を占めていた公明党を揺さぶるため、ある議員が創価学会批判の質問をすることになった。

・その議員の質問内容が「露骨《ろこつ》に創価学会を攻撃」する内容だったため野中氏は、「私が質問しないまでも、予算委員会の理事をしている以上、責任を取らざるを得ない」と悩んだ末、代わって質問に立つことにした。

・野中氏は、宗教団体が政治に関与することを強く批判する質問を行ったが、NHKの中継のない時間帯に所要時間も短縮して行った。

・野中氏の質問があった予算委員会終了後、竹岡氏から「自分の師匠である金丸先生が窮地に立っておるから助けてほしいと応援を頼んでおきながら、『宗教団体が、そもそも政治に関与するとはけしからん』とは、どの面下げて発言されたのですか」などと言われたが、その後、竹岡氏は公明党議員から野中氏の配慮を教えられ、謝罪してきた。

以上がエピソードの概略だ。これを紹介した上で野中氏は竹岡氏について「怒る時も一直線だが、謝る時もすっきり、あっけらかんとしていて、好青年だなと思った」「以来、親子程の年の違いはあるが、急速に友誼《ゆうぎ》を深めていった」と述べている。

このエピソードは、なぜ自公関係は四半世紀も続いたのかという本書のテーマに大きな示唆を与えてくれる。

自民党は宗教団体の創価学会を通じて選挙での支援を、学会と公明党は政治と宗教の問題で自民党の配慮を期待する――。自民党と学会、公明党の歴史をさかのぼると、浮かび上がってくる3者関係の縮図がそこにある。

次章で詳しく触れるが、1969年から翌年にかけての言論出版妨害事件の際、当時の自民党幹事長だった田中角栄氏が、他の野党や世論の激しい批判にさらされ、窮地《きゅうち》に陥っていた創価学会と公明党に国会対応などで側面支援をしている。一方、田中氏は選挙にあたって田中派議員への支援を公明党首脳に依頼し、公明党側もそれに応じていた。

この関係は自民党が与党であっても野党であっても、あるいは双方が与野党に分かれていなくても成り立つ。つまり、自公連立政権、野党の自公いずれであっても成立するのだ。自民党が一時期を除いて国会で第一党の座を占め続け、公明党の支持母体である創価学会が集票力を持ち続けているからだ。議員数と票という実利の交換である。

相互支援に突き進む

官房長官から自民党幹事長代理、さらに幹事長に転じた野中氏は、連立政権樹立で事足れりとはせず、選挙対策担当の総務局長だった鈴木宗男氏とともに党内外の反発を抑えながら来るべき衆院選に向けて協力体制の構築を推し進めた。まず、小選挙区での与党側候補者を可能な限り1人に絞った。調整できた小選挙区では、公明党は自民党の候補者を、自民党は公明党の候補者を支援することを前提としていた。前述したようにすべての選挙区で絞りきることはできなかったが、調整を終えた2000年5月下旬時点で、自民党は、小選挙区の候補者を比例代表に回す、あるいは立候補を断念させるなどして14選挙区で公明党に譲った。

党内からの反発はまず、小選挙区を公明党に譲ることを迫られた議員から、次に創価学会以外の宗教団体との関係が深い議員、そして宗教団体を支持母体とする政党と抜き差しならない関係になることに警戒感を持つ議員らから上がった。

記者は現状を変更する事態が起きた際、反対、批判する側の声を重視する。自民党内からの反発には耳を傾けるべきものが少なくなかった。

「本来、投票すべき政党以外のところに投票するのでは制度が形骸化してしまうのではないか」と尋ねた私に野中氏は、創価学会の拡大期である1950~60年代に入会した一世の会員を念頭に、「もともとは田舎から出てきた人たちで、生まれは自民党支持者と違わない」と説明した。

そもそも自民党か公明党のいずれかに投票する人たちだから、どっちに投票しても問題はないという意味だったのか。真正面からの答えにはなっていないのだが、個々の人間、一人一人の国会議員という政党の末端から全体を捉えなおす野中氏らしい視点がうかがえる。

また、小選挙区を譲ることを拒んで、無所属で出馬する候補者を支援した党員を処分するとの考えを示すなど強引なやり方もいとわない理由を尋ねた私に野中氏は「公明党は独自政策を実現できればいい。いずれ衆院から撤退するだろう」と答えている。これも真正面からの答えではないが、公明党が撤退するまでの期間限定措置ということだろう。

しかし、衆院から撤退して参院だけの政党になったとしても、衆院選で党員や支持者が自民党を支援すれば実態は同じことではないか、とは思ったが、形式的には矛盾は解消される。

野中氏の説明を完全には受け入れることができないまま時間が経過、そんなやり取りをしたことも忘れていた2009年、自公の下野直後、公明党、創価学会内で「小選挙区撤退論」が浮上した時は、野中氏のこの時の言葉がよみがえってきた。

政党間関係では内閣をともにすることがもっとも接着力を持つと説明されるが、当落を最重視する国会議員の心理を熟知する野中氏にしてみれば選挙協力の方がより有効と考えていたのだろう。

そして、自公の選挙協力は小選挙区での相互支援にとどまらない。前述したように、衆院選では主に自民党の小選挙区候補者を公明党が支援し、見返りに自民党候補が支持者に比例代表は公明党と書くよう求めるバーターが行われている。野中氏は、自著『聞き書野中広務回顧録』（御厨貴、牧原出編、岩波書店）の中では「そうでないと、一回きりの選挙で、長続きしないから」と語り、自身がやり始めたことを明らかにしている。

自民党の小選挙区候補者から見れば公明票が、公明党から見れば比例代表票に自民票がそれぞれ組み込まれている。非対称ではあるが、小選挙区を主戦場とする自民党と比例代表に活路を見出したい公明党が現行の選挙制度に最適化した結果ともいえる。バーター支援を行っている議員単位でみれば両党は「融合」状態にある。

また、野中氏はやはりこの回顧録の中で、公明党との選挙協力体制を構築するに当たって、創価学会本部の幹部と協議を進めていたことを明らかにしている。竹岡氏のエピソードとも合わせ、自公関係が学会を軸としていることを認識させるエピソードだ。

第2章

始まりは自民結党直後

首相と会長の関係

今、自民党と公明党の関係を語る時、最も言及されるのは「連立政権」である。まず、その政権である期間が長い。１９９９年10月５日に発足して、２０２４年秋時点で25年たつが、野党時代を除く約22年間は連立政権の期間である。しかし、自公が連立政権に至るまでは与野党として対峙した35年間という前史があり、自民党と、公明党の支持母体である創価学会の関係でみると前史は41年になる。自公に先駆けた自創の関係がどのようにして始まり、発展していったのかをこの章で見ていきたい。

連立政権樹立から20年という節目を迎えた２０１９年、新聞、テレビをはじめメディアが大きく取り上げ、各方面から肯定、否定含めて多くのコメントが相次いだため、「自公は連立政権」という認識が固まった。当時の安倍晋三首相が自公関係を「ビューティフル・ハーモニー」と表現したのは前述した。

ただ、「自公はどういう関係か」という認識は年代で違う。日本政治を同時代的に見聞きしたのが２０１２年以降である若い世代の場合、「連立政権」という見方は極めて自然だろう。

一方、1993年、自民党が初めて下野し、非自民の細川連立政権入りした公明党と激しく対立し合った時期を目撃した、上の世代からすれば「連立関係にあるが、激しい攻防の末だった」という若干、複雑なものになる。

さらに年齢が重なり、1980年代、公明党が「共産抜きの野党共闘」をにらんで社会党、民社党とのブリッジ役を果たした「社公民」路線期や、その後、連携相手を革新の社会党から保守の自民党に切り替え、主に国会を舞台とした「自公民」路線期を見ていた世代にとってみれば、「公明党が紆余曲折を経た結果、連立政権に行き着いた」というものになるだろう。

自公関係についてのこれらの認識、見方の違いはメディアによって表ざたになっている事象を基にしている。重要な出来事があっても当事者が口外せず、メディアもその事実を突き止められなければ一般の人々にとっては「なかったこと」と認識される。しかし、表立って物事が変化する時には水面下でさまざまな出来事が積み重なっているものだ。

水面下での出来事は時間を経て明らかになることがある。一気に全体像がわからなくても当事者の証言などを照合することで輪郭《りんかく》が浮かび上がることもある。自公関係の起点を支持母体の創価学会との関係も含めてさまざまな資料からたどってみると、1955年の自民党結党直後にまでさかのぼることができる。

1958年3月16日、創価学会第2代会長の戸田城聖《とだじょうせい》氏は、静岡県富士宮市にある日蓮正宗大石寺に青年部員6000人を集めて式典を催した。戸田氏は、この式典に当時の岸信介首相を招待、岸氏もこれに応じて途中まで向かったが、側近議員に説得されて断念。代わりに夫人と娘夫妻である安倍晋太郎夫妻を出席させた。

この式典で戸田氏は次のように述べた。

「日本の政権を保って、社会党と共産党をおさえていける人は岸先生しかいない。…岸先生がこれからどんな立場にお立ちになっても、わしは悪い人だとは思いません。それが友人のまごころじゃないでしょうか。君らも、そういう心で、岸先生とつき合って下さい。…私は宗教団体の王様なんだから。岸先生は政治団体の王様なんだ。立場が違うだけです」

(『聖教新聞』、1958年3月21日付)

戸田氏が岸氏のことを「友人」と呼んでいるように、両氏はこの式典前から個人的に関係を築いていた。自民党の結党はこの式典の2年4カ月前のことだ。岸氏と戸田氏、ひいては自民党と創価学会の首脳同士の関係は、自民党の結党直後から始まっていた。

絡み合う双方の思惑

なぜ、55年体制が始まった時期に自民党と創価学会が首脳レベルで、接近したのか。この後、1964年に結党された公明党が表向きは与野党に分かれて自民党と対立していた状態を基準としてしまうとわかりにくいが、当時の双方の事情から考えると理解できなくはない。

この頃、戸田氏の指導の下、創価学会は急激に信者を増やしていた。「折伏《しゃくぶく》大行進」と呼ばれる時代だ。元朝日新聞政治部長で政治学者の薬師寺克行氏の著書『公明党　創価学会と50年の軌跡』（中公新書）によれば、1956年の40万世帯から翌年は76万世帯にほぼ倍増させている。大石寺での式典が開かれた年には103万世帯と大台に乗せている。

この頃の創価学会は「国立戒壇《こくりつかいだん》」建立を目標としていた。戒壇とは正式に僧侶となるための儀式を行う場所のこと。日蓮正宗の伝統的な考えでは天皇が帰依《きえ》することによる戒壇建立が説かれていた。

しかし、戸田氏は1951年5月、会長に就任するにあたって「国中の一人一人を折伏し、御本尊様を持たせることだ。こうすることによって、はじめて国立の戒壇ができるのである」（戸田城聖『戸田城聖先生講演集 上』、創価学会）と述べている。「折伏」とは本来、悪人、悪法を屈服させるという仏教用語だが、この場合は勧誘活動を意味していた。

さらに1954年元旦の聖教新聞社説では「御教書とは衆議院に於て過半数の構成を以て発せられるものである」と宣言した。衆院での議決論である。この年11月、創価学会は「文化部」を設置。地方議員を誕生させているが、既存政党から立候補した者もいた。

これらを踏まえた上で、宗教社会学者の西山茂東洋大学名誉教授は著書『近現代日本の法華運動』（春秋社）で、戸田氏が1955年4月3日付の聖教新聞で「政党を結成してこれに当ることとは全くの誤りとなる」と述べているとして「政権獲得＝為政者化による国立戒壇の建立は、考えていなかったようである」としている。

戸田氏にしてみれば衆院で過半数の議席を持つ自民党は議決のための多数派形成の対象という側面もあったと見られる。一方の岸氏としては、自民党は結党後間もなく、旧党派をもとにした派閥抗争が厳しくなる中、1年以内に実施される衆院選で左右統一した社会党との激突が予想されていた。100万世帯をうかがう勢いの宗教団体トップと意思疎通ができるのは好都合だったと思われる。

また、「共産主義からの解放」を掲げる旧統一教会系の政治団体「国際勝共連合」設立の際、発起人になるなど「反共」主義者である岸氏から見れば、共産党の支持基盤であった都市部の低所得者層を対象とする創価学会は「敵の敵」であり、連携相手となりうる。

しかし、そもそもなぜ創価学会が政治に進出したのか。部外者にしてみれば国立戒壇の建立という宗教上の大義名分だけでは理解しにくいだろう。西山氏は同じ著書の中で①対内的な結束効果②対社会的なデモンストレーション効果③政治弾圧に備えた組織防衛の3つを狙ったものだと指摘している。西山氏が論拠とした戸田氏の発言を引いてみる。

まず、対内的な結束効果についてだ。

「私は選挙運動が毎年あったらいいと思っているのですよ。ないから残念です。…ふだんやらんことをやるから、支部がピーンとしまってくる。選挙は、支部や学会の信心をしめるために使える。まことに、これは、けっこうなことではないですか」（戸田城聖『戸田城

聖先生講演集 下』、創価学会）

政治弾圧に備えた組織防衛については以下の通りだ。

「参議院にははいっておかんと、政治的妨害が出た場合に、ふせぎようがない。あれは攻撃陣じゃなくて、防御陣」（『週刊朝日』、1957年7月7日）

公明党が長く政権与党の座にいることが当たり前となった現在からすれば政治弾圧に備えるという目的は大げさすぎるように見えるかもしれない。

創価学会は教育者だった初代会長の牧口常三郎《まきぐちつねさぶろう》氏が1930年に「創価教育学会」を結成したのが始まりだ。戦後すぐに創価学会と改称するが、第二次世界大戦中、牧口氏ら幹部が治安維持法違反・不敬罪容疑で逮捕され、牧口氏は獄中で死亡している。戸田氏は牧口氏とともに逮捕され、獄中生活を送っている。現在、創価学会の公式サイトでは次のように説明されている。

日蓮仏法の探求を深めるにともなって、牧口先生は社会・生活の全般を改革する必要性を感じ、教育法の改革は、その一部であると考えるようになりました。創価教育学会は教育者以外の賛同者も増え、日蓮仏法の実践を主軸とする、宗教改革の団体となっていきます。

牧口先生は高齢にもかかわらず、自ら活動の先頭に立ち、北は北海道から、南は鹿児島まで足を運んで、一対一の対話を実践。会員は全国に4000人を数えるまでになりました。

しかし、第2次世界大戦への坂を転げ落ちる日本は、国家神道によって宗教・思想の統制を図ろうとします。創価教育学会の座談会なども、思想犯の摘発に当たった特高（特別高等警察）の刑事が厳しく監視するようになりました。

弾圧を恐れて国家神道を受け入れた日蓮正宗宗門を牧口先生は厳しく諫め、軍部権力と敢然と対峙していきます。1943年（昭和18年）7月6日朝、牧口先生は訪問先の伊豆で、治安維持法違反・不敬罪の容疑で検挙されました。同日朝、理事長だった戸田先生も東京で検挙。ともに逮捕・投獄され、会は壊滅状態となりました。牧口先生、戸田先生は、厳しい尋問にも屈せず、信念を貫く獄中闘争を続け、牧口先生は1944年11月18日、創価教育学会創立から14年後のその日、老衰と極度の栄養失調のため、拘置所内の病監で逝去しました。満73歳でした。

牧口氏が死去した11月18日は、著作『創価教育学体系』第1巻の出版日と重なっており現在、創価学会創立記念日とされている。初代会長を政治弾圧で失い、戸田氏自身も身をもって弾圧を体験しており、「政治的妨害への防御陣」という発言は決して大げさなものではなかった。3代目の会長となる池田大作氏も1957年に選挙違反容疑で逮捕され、拘置所に留置されており、この認識は池田氏にも引き継がれたとみられる。

先程引いた薬師寺氏の『公明党　創価学会と50年の軌跡』では、創価学会が公明党を作った宗教的目的以外の理由として「権力による弾圧という経験を踏まえ、権力から身を守り組織を維持する」「選挙運動という組織的活動によって、創価学会組織を維持・発展させる」の2点を提示している。ほぼ、西山氏の「政治弾圧に備えた組織防衛」「対内的な結束効果」に対応している。

政治ジャーナリストの中野潤氏は『創価学会・公明党の研究　自公連立政権の内在論理』（岩波書店）で、自民党と公明党の連立政権が続く理由を「公明党が創価学会という宗教団体を時の政治権力から守るため、政権に影響力を行使できる立場にいることが必要だと考えていること」「各種選挙での公明党の議席の獲得が、すなわち会員の信仰心の証しであり、宗教団体としての『勝利』の証しであるという構図が、創価学会内で確立されていること」と説明している。

創価学会の政治進出、衆院進出に向けた公明党結成、自民党との連立維持についての西山、薬師寺、中野の各氏の分析時期は異なっているが、学会という組織の防衛、維持、拡大という目的は通底する。

話を戻す。確認できる限り、自民党と創価学会の関係は、岸首相と戸田会長から始まっているが、この後、学会は国立戒壇論を破棄、公明党を結成し、一方の自民党は長期単独政権の道を歩み、関係性は新たな局面に入り、さまざまに変化する。

しかし、当初から首脳同士が親しい関係にあったことは双方の関係者に周知され、さらに人脈的にも引き継がれていくことになる。

「佐藤―池田」関係へ

自民党と創価学会の首脳同士が具体的な政治課題でやり取りをしていたことが確認できるのは、日蓮正宗大石寺の式典から5年くだった1963年初めのことである。この時点でも公明党はまだ結成されていない。つまり、公明党が登場する前に自民党と創価学会の関係は首脳レベルでより深まっていたのだ。この経緯については、江藤俊介氏と七里和乗氏が著した『自民党・創価学会・公明党　国民不在の連立政権・秘史』（学習の友社）を参考にしながら探っていく。

岸氏の弟である元首相の佐藤栄作氏が著した『佐藤榮作日記』（朝日新聞社）によれば、1963年2月22日の日記では次のように記されている。佐藤氏が、まだ首相の座を狙っている時期である。

「公正会に原島幹事長を訪れて、石田九州班長に杉本並に鬼丸君推薦方を依頼する」

文頭の「公正会」はできたばかりの参院の院内交渉団体「公明会」の誤記である。

創価学会は政治進出を目指して1954年11月、「文化部」を設置。翌年4月の統一地方選で、東京都議、区議ら53人を当選させた。1956年7月の参院選で3人を当選させたのを皮切りに国政にも進出した。

1961年11月には政治団体の公明政治連盟（公政連）を結成し、形式的に政治部門を外部化したのだが、実質的には創価学会の強い影響力の下にあった。公政連は、翌年7月の参院選では9人を当選させて非改選と合わせて15議席となり、院内交渉会派として結成したのが公明会だった。その幹事長が原島宏治《はらしまこうじ》氏だった。

「石田九州班長」とは九州地方の責任者、「杉本並に鬼丸君」とは北九州市長選と福岡県知事選の候補のこと。公明会を通じた創価学会への選挙支援依頼である。

両者の協力関係は一方的なものではなかった。佐藤氏、つまり自民党側からのお返しもあった。これは部外者の想定を超えるものだ。

「日蓮正宗総本山大石寺の客殿落慶法要が64年4月1日行われ全国からの代表5000人のほか、文部大臣、厚生大臣、東京都知事らが参列して話題を呼んだ。この日、池田大作会長は、日蓮正宗法華講総講頭に任命された」

『朝日年鑑1965年版』（朝日新聞社）にある記述である。舞台は岸、戸田時代と同じ、日蓮正宗大石寺。お返しとは、池田氏が法華講総講頭に任命されたこの法要に灘尾弘吉《なだおひろきち》文部大臣が出席することだった。そう言い切れるのは法要前々日の3月30日の『佐藤榮作日記』の記述からだ。

「辻、原島両君の依頼で灘尾君を大石寺へ引ぱり《ママ》出す事に無中《ママ》。すべては久野君の動き一つ」

「辻」とは公政連の辻武寿《つじたけひさ》議員、「久野君」とは自民党の久野忠治《くのちゅうじ》衆院文教委員長のことだ。宗教行政を扱う文部大臣を、やはり同行政を対象とする委員会の委員長が「引ぱり出した」のである。

自民党が公明党の前身の政治団体を介して創価学会に選挙支援を依頼し、宗教団体の学会は宗教的、あるいは組織的な問題で自民党側の協力を期待するという特異な関係の萌芽もすでにみることができる。そしてこの法要の7カ月後、佐藤氏は首相に就き、公政連は政党化され、公明党となる。

戸田氏が否定していた政党化、衆院への進出に踏み切るに当たり創価学会は、国立戒壇の扱いを変化させていく。西山氏の論文によると、まず、国立戒壇という刺激的な言葉ではなく「本門の戒壇」「民衆立の戒壇」と呼ぶようになり、公明党を結成した翌年の1965年3月26日付の「正本堂建立御供養趣意書」の中で池田氏は「正本堂建立は、実質的な戒壇建立」などと述べ、国立戒壇論を放棄した。正本堂とはこの後、大石寺に建てられた施設のことである。

この後、言論出版妨害事件の際に「創価学会、公明党は国立戒壇を建立するため政権獲得を目指している」など激しい批判が巻き起こったが、西山氏の研究成果から見れば行き過ぎた面があったことは否定できないだろう。

公明結党で構図に変化

佐藤氏が首相に、公政連が公明党となって自公関係はさらに多面的になる。1966年6月23日の『佐藤榮作日記』には自民党の田中角栄幹事長と公明党の北条浩《ほうじょうひろし》書記長が初めて正式に会談、1週間以内に再会談することになったと記されている。「円満に会話が行はれた様子。先づは一安心」との記述もあり、田中氏を公明党との実務的な交渉役にしようとしたとみられる。

さらにその前年12月17日の『佐藤榮作日記』に、自民党が過半数割れしている東京都議会で都の水道料金値上げに協力を得るため、自民党の賀屋興宣《かやおきのり》都連会長から池田会長と会うよう促されたことが書かれている。

池田氏側の要望で、富士銀行の岩佐凱実《いわさよしざね》頭取を仲介役にすることにし、岩佐氏に電話で了承を得たことも記されている。当初、佐藤氏は「まだその時機でない」と池田氏との会談に慎重姿勢だったが、ひと月も経たないうちに実現する。

１９６６年1月8日の項に、佐藤氏は「一時半出発して鎌倉へ。所要時間五十五分。ゴルフの練習をし、池田大作会長と六時半に会ふ。夜食を共にしながら約三時間ばかり話して別れる。公明党との協力関係出来るか」と記載している。

協力関係はすぐ現実化した。2日後の1月10日、佐藤氏は仲介役の岩佐氏から、東京都の水道料金値上げ問題で公明党と妥協が成立したことを知らされたと書いている。佐藤氏は「早速のきゝめか」と記している。

会談から5日後の1月13日、東京都議会本会議で水道料金を大幅値上げする案が自公の賛成で可決された。選挙ではない政治案件でも、公明党ではなく支持母体トップとの交渉で物事が迅速に決まっていく特異な関係をここに認めることができる。

佐藤・池田会談について佐藤氏は内容を詳述していないが、創価学会はそれから31年後の1997年10月5日付の聖教新聞で、池田氏が会談の様子を再現する形で報じている。「池田名誉会長の世界の指導者と語る　第2部」第37回として1面と2面のすべて、さらに3面の一部を使った大型記事である。

「池田さんは三十八歳ですか。私があなたの年の時は、何をやっていたかな」

佐藤栄作総理は、回想するご様子であった。

総理は当時、六十四歳。昭和四十一年（一九六六年）の一月八日のことである。

という書き出しで始まり、佐藤氏が創価学会を称賛し、第2代会長の戸田氏や吉田茂元首相の話や佐藤氏の政治人生、国の在り方などについて話し合ったと書かれている。しかし、公明党との協力関係、東京都の水道料金値上げ問題など具体的な政治課題については触れられていない。ただ、佐藤氏との会談が実現するまでの経緯については次のように説明している。

　戸田先生は佐藤総理の実兄・岸信介総理と親交があった。その関係もあって、戸田先生が亡くなって、私が会長になったあと、総理になられた佐藤さんに、ごあいさつ申し上げたわけである。

　初めは世田谷のご自宅でお会いしたが、その日は来客が多かった。総理から「今度、時間をとって、じっくりと話し合いましょう」とのことで、鎌倉での一夜が実現したという経緯であった。

　佐藤氏が首相になったのは1964年11月9日で、その8日後には公明党が結成されている。初めて二人が会った時期に、自民党と創価学会の関係は、間に公明党をはさむという現在の構図に近くなっていた。

深まる自創関係

佐藤氏が首相に就いた後も難しい政治課題で池田氏の手を借りる場面が散見される。1967年の特別国会に政府が提出した防衛庁設置法、自衛隊法改正案のいわゆる防衛二法。6月29日から衆院内閣委員会で審議が始まり、自民党が単独で強行採決したことで与野党が激しく対決することになった。

7月20日になんとか成立したが、佐藤氏はやはり池田氏を通じて公明党対策を行っていた。防衛二法が成立したその日の『佐藤榮作日記』には次のようにある。

「十時登庁。国会も明一日を残すのみとなったので、最後の勉強を党側に指示する。何よりも防衛二法を通過さす事、その為に（秘書の）大津君を創価学会池田会長に連絡をとらす。会長が幸に引きうけてくれたので一寸安心。又その約束通り議事がとり運ばれた」

対策の中身やその実効性までは不明だが、鎌倉での会談もあり、この時点で佐藤、池田両氏の間は直接連絡をとる間柄になっていた。「公明党ではなく支持母体のトップとの交渉で物事が迅速に決まっていく」という関係は特異に見えるが、自民党と創価学会の関係が公明党結党に先行していたという経緯からすれば当人たちにとっては自然なものだったのだろう。

佐藤、池田両氏が仲介役抜きに直接的にやり取りするようになっていった。いわば「佐藤—池田ホットライン」は、閣僚の進退が焦点になった問題でも機能したようだ。

1968年2月6日の閣議後記者会見で、倉石忠雄《くらいしただお》農林大臣が「現行憲法は他力本願だ。軍艦や大砲が必要」などと述べたことに野党が反発して、罷免《ひめん》を求め、国会が空転した。

事態打開を目指して佐藤氏は野党の一角を占める公明党対策を行うのだが、やはり相手は池田氏だった。2月12日の『佐藤榮作日記』に「大津君を通じて池田会長へ援助方頼む。返事はいゝが会長も困っておるに違いない」などの記述がある。その2日後の14日の項には「当方は古田君を介して公明党への働きかけをする。今日の処まだ効果不充分」と書かれている。「古田君」とは日本大学の古田重二良《ふるたじゅうじろう》会頭のことで、佐藤氏は古田氏を通じても公明党への対策を行っていた。

政治の世界では古今東西を問わず、議員、グループあるいは政党が交渉する際、当事者ではないものの相手方に強い影響力を持つキーマンに仲介を依頼することがあるが、佐藤氏にとって公明党対策のキーマンは池田氏や古田氏だったのだろう。

仲介するキーマンにはどちらかの当事者の代理人（エージェント）、中立的だがいずれかの当事者に影響力があるフィクサー（調停役）などがある。古田氏はフィクサー的な立場だが、池田氏の場合は公明党の創立者であり、いずれのタイプにも収まりきらない立場にあった。佐藤氏がフィクサーを使う政治手法を少なからず用いていたことが、池田氏の存在感を大きくした可能性はある。

佐藤氏は2月15日の項には「今日も亦空転。然し公明党に動きあり。竹入君一旦記者会見して動きを見せたが、野党につき上げられ又ぐらつく。然し池田会長のリモートコントロールがあるのでどうなるやら。物事は一進一退で解決するものか。夕刻古田君に架電してネジをまく」などと書き残している。

「竹入君」は公明党委員長の竹入義勝《たけいりよしかつ》氏のことを指す。竹入氏は倉石氏をめぐって衆院解散・総選挙によるリセット論を提唱したのだが、社会党などの反発を招いて、軟着陸を図ることに失敗していた。しかし、佐藤氏は「池田会長のリモートコントロールがある」と身もふたもない言葉で公明党との関係を表現し、期待をつないでいる。

ただ、さすがにリモートコントロールという表現で済むような単純な関係ではなかったようだ。佐藤氏の秘書官だった楠田実《くすだみのる》氏は倉石問題をめぐって2月21日に竹入氏と会談し、「今度も池田会長からは倉石の首をとっても仕様がないじゃないかと言われましたが、党内はそれではおさまらないものですから。…党内に筋道の通った説明をしなくちゃならんのです」と聞かされたと、『楠田實日記　佐藤栄作総理首席秘書官の二〇〇〇日』（楠田實著、和田純、五百旗頭真編、中央公論新社）に記している。

竹入氏も委員長退任後の1998年の8～9月にかけて朝日新聞に掲載された回顧録「秘話　55年体制のはざまで」の中で「公明党は財政、組織の上で創価学会に従属していた」「学会との調整に八割以上のエネルギーをとられた」「公明党・創価学会の関係は環状線で互いに結ばれているのではなく、一方的に発射される放射線関係でしかなかったように思う」と強い影響力がある支持母体に気をつかわなければならない党首の悲哀ともいえるような心情を吐露《とろ》している。創価学会が全面的に決定権を握っていたわけではないが、主導権があったことは確実だったようだ。

田中─竹入ライン

自民党と創価学会、公明党の関係は「佐藤─池田ライン」だけではなかった。田中氏は佐藤氏の段取りで1966年6月に公明党の北条氏と初めて正式に会談し、関係を深めたが、1967年に竹入氏が委員長に就任すると、ある事案をきっかけに親しい関係になる。竹入氏の回顧録を引用する。

元首相と親しくなったのは、国会の質問で貸しを作ったことだった。公明党の参院側が、田中さんの国有地払い下げ問題や女性問題を取り上げるということになった。六八年六月にジャーナリストが仲立ちし、東京・紀尾井町の料理屋で話をした。

田中さんは『女性問題は、責任をとっているので取り上げるのはやめてほしい』と率直に訴えてきた。最初は、よくしゃべる人だなという印象だった。駆け出しの私に誠心誠意、話をするなあと感心した。この会談があって、党の参院幹部に『自民党の中では相当伸びる人だし』ということで女性問題の質問はやめてもらった。

田中氏にはいくつかの女性問題があり、この時に焦点となったのはそのうちの一つと見られる。田中、竹入両氏の会談が行われたのは1968年6月。田中氏は1回目の幹事長職を終え、自民党都市政策調査会長として「都市政策大綱」をまとめた後だった。田中氏はこの年11月に幹事長に返り咲いている。自民党の有力者が自身の女性問題についての質問を取りやめるよう野党党首に依頼し、野党党首がそれに応じる。表ざたになっていれば女性問題以上に批判の的になっていたであろう。

この時、田中、竹入両氏は、いわば「共犯関係」になったわけだが、それだけに関係は強固なものになった。竹入氏は質問取りやめを「貸し」と表現しているが、それを返してもらう時は翌年やってくる。竹入氏の回顧録を再び引く。

六九年末に表面化した言論出版妨害問題のときは、佐藤栄作首相と自民党幹事長をしていた田中さんには、助けられ、感謝している。終生忘れない。国会では罵詈雑言《ばりぞうごん》を浴びせられ、ほかにだれも助けてくれる人はいなかった。

創価学会批判の本が出るというので、私が田中さんに頼んで仲介に動いてもらったのだが、田中さんは追及されると、『竹入に頼まれたのではない。幹事長だから勝手におせっかいをやいているだけだ』と釈明していた。これには感激した。

1960年代後半、創価学会、公明党は自分たちに対するいくつかの批判本の出版や流通、販売を止めさせようと多方面に働きかけた。竹入氏が言及しているのは1969年に出版された明治大学教授の藤原弘達氏の著書『創価学会を斬る』（日新報道）をめぐる問題だ。藤原氏はこの著書で、公明党と創価学会は分離されておらず、「混淆《こんこう》」状態であり、その公明党が政権獲得を目指して衆院に進出しており、危険であると批判。その過程で「自民党との連立をはかり、自民党との連立を通じてその実質的な権力体制とでもいえるものを強化し、そうすることを通じて政権をねらおうとしている」と現状を予言するような警鐘を鳴らしている。

一方、池田氏について「（自民党との連立で）総理大臣への展望をもった何らかの大臣になれるというときに公明党委員長として乗り込んでくるのではないか」と述べたり、創価学会、公明党の目的に関して「日蓮正宗を国教にすることはないと述べているが、それもあてにならない」と断じたりしていた。政治進出にあたっての学会の目的の変化についてのその後の研究や実際の経緯からすれば冷静な分析が必要となる想定だった。

いずれにしても厳しい批判の対象とされた学会、公明党の反発は激しかった。

竹入氏は田中氏に協力を依頼し、田中氏は料亭に藤原氏を呼び出し、著書を全部買い取ると申し出た。藤原氏は拒否し、著書は「まえがき」冒頭から「政府与党の最要職にある有名な政治家」が介入してきた時の様子で始まっている。その後、公明党が共産党の告発を否定したことに反発し、その政治家が田中氏であることを公表、田中氏は批判の矢面に立たされるが、「勝手におせっかいをやいた」と竹入氏をかばったのだ。

「池田喚問」という弱点

一連の問題は1970年1月からの国会で野党側の追及の的となる。2月以降、共産党、社会党、民社党の議員が佐藤首相に真相究明を要求したり、関係者の参考人招致、池田氏の証人喚問を求めたりした。この局面で、田中氏の借りを返した格好になったのが、佐藤氏である。
竹入氏は回顧録で「佐藤さんは、関係者の証人喚問要求に、のらりくらりと時間かせぎをしてくれた。国会の委員会採決も先送りしてくれるなどいろいろ配慮してくれた」と感謝している。
「関係者の証人喚問」の中で最も避けようとしたのが、池田氏の証人喚問で、創価学会と公明党は全力で阻止を図った。この時、書記長だった矢野絢也《やのじゅんや》氏は著書『「黒い手帖」裁判全記録』（講談社）の中で、国会のルールまで変更したと記している。

証人喚問の全会一致の慣例ができたのは、前述の言論出版妨害事件がきっかけである。このとき持ち上がった池田氏の国会招致を阻止すべく、当時、公明党書記長だった私が、少数派保護のためにも証人喚問は全会一致を原則としなければならないと主張し、以後、これが慣例となっていたのだ。

これほど力を注いだ池田氏の証人喚問阻止への佐藤、田中両氏の協力がよほどありがたかったのだろう。竹入氏は回顧録で「言論出版妨害問題は田中さんらに対し大きな負い目になった。国会対策でも田中幹事長時代に、よく協力を頼まれ、党の基本政策に抵触しない限り、対応した」とも述べている。

「田中幹事長―竹入委員長」関係は、「佐藤首相―池田会長」のラインと違って、政党間関係のように見える。しかし、竹入氏は実は政党トップという肩書とともに創価学会でも幹部の役職を兼務していた。当然、それは池田氏の下位ポストだった。これは竹入氏だけではなく他の幹部も同様だった。

竹入氏は回顧録で「公明党は創価学会に従属していた」と記しているが、それをもたらしたのは、池田氏との間に上下関係が生じた原因である「役職兼務」だったと見られる。田中、竹入両氏の関係は、表向きは政党間だけだったが、裏にはやはり「政党」と「政党の支持母体」というラインを併せ持っていたのだ。公明党幹部が学会との役職兼務を止めるのは1970年5月に池田氏が「政教分離」を宣言した時のことだった。

自民党と創価学会、公明党との貸し借りが重なり、両者は与野党に分かれているものの相互依存関係を深めていく。逆に言えば、お互いがお互いの弱点を知ることになるのだが、これが公明党・学会が非自民勢力と連携して自民党と対立した1990年代にお互いの攻撃材料となったのである。

その弱点とは、政権与党で居続けることが至上命令である自民党にとっては選挙や国会で公明党・創価学会が「完全野党」化し、敵に回ることであり、学会を支持母体とする公明党にとっては「池田喚問」であった。

第3章

民社党との合併構想

池田会長からの打診

この章では、実現寸前までいったという民社党との合併構想を振り返り、創価学会、公明党が自民党との連立政権に舵を切るまでにどのような試行錯誤《しこうさくご》と変遷を重ねたかを探る。

この時期、自民党と学会、公明党は「佐藤首相―池田会長」ラインを基盤に、言論出版妨害事件でより深めた関係を維持していた。しかし、表立って自民党と行動をともにしていくわけにはいかず、野党との関係見直しを図ったと見られる。

1969年から翌年にかけて、世論から激しい批判を浴び、国会では自身の証人喚問まで取りざたされることになった言論出版妨害事件は創価学会の池田大作会長にとって、公明党との関係をどのようなものにすべきかを根本から考えさせるきっかけとなった。

最初それは民社党との合併構想という形で現れた。言論出版妨害事件が国会で最大の焦点となっている時期に、民社党委員長の西村栄一氏も同意し、党内外の説得作業を進めている。1971年の西村氏の病死によって構想は頓挫したが、公明党の委員長だった竹入義勝氏は回顧録の中で「合併寸前までいった」と表現している。

竹入氏はまた、構想について「民社党の西村栄一委員長と創価学会首脳の間で進められていた」と述べている。学会首脳とは当然、池田氏のことである。両者の接触は池田氏の要請で始まっている。政党の党首と支持母体のトップという構図はここでも変わらない。

西村氏の死去後、秘書らが西村氏の日誌や関係者への取材で編んだ『西村栄一伝　激動の生涯』（中村菊男、高橋正則編著、富士社会教育センター）によって経緯を説明するが、数日単位で状況が進展するほどの速さだった。西村氏を訪ねた仲介者「B」から接触の打診があったのは言論出版妨害事件が国会で追及されている最中の1970年3月3日だった。やり取りは次のようなものだった。

B「池田会長の依頼を受けてきたものではないが、会長に会っていただけないか。会長はかねて西村委員長にお目にかかり、政治上の問題について御意見を承りたいという気持をもっておられる」

西村氏「お会いして意見を交換してみたい、という気持もないではないが、言論・出版の自由に対する問題も、はっきり決着はついていない。したがって現在、会談することは世間の誤解を招く。いずれあらためて御相談しましょう」

2月28日、言論出版妨害事件を追及していた民社党の塚本三郎《つかもとさぶろう》氏が池田氏の証人喚問を要求、Bの来訪の前日には社会、民社、共産3党の国会対策委員長が自民党に池田氏らの証人喚問を実現するよう申し入れている。民社党が口火を切った形の池田氏の証人喚問が国会攻防の大きな焦点になっており、どう決着するのか見通せない時期だった。

西村氏は言論出版妨害事件を理由にいったん保留にしたのだが、その夜、Bから電話があり、「池田会長に委員長の意見を伝えたところ、池田会長は学会と公明党とは分離する、公明党の今後に対して西村委員長のお力添えをお願いしたいとのことである」との旨が伝えられた。

さらに「西村は学会と公明党との政教分離と、分離後の公明党の在り方について、彼の意見を明確に述べた。この西村の意見は、再びBによって池田に伝えられ、それに対する池田の考えが、またBから西村のところへもたらされた」という。

接触の打診段階で、間接的にだが、政教分離を含む突っ込んだ意見交換がなされており、池田氏の意欲がうかがえる。

この頃、党勢は圧倒的に公明党が優勢だった。１９６９年衆院選で公明党は47議席を獲得、31議席の民社党を圧倒していた。公明党にとって初の衆院選挑戦だったその２年前には25議席と、30議席の民社党の後塵《こうじん》を拝したが、一気に逆転していた。

通常であれば公明党をより拡大させる道を選ぶ時期である。竹入氏も回顧録で「言論問題をともかくしのごうというもの」と説明しているが、創価学会、公明党を直撃した衝撃の大きさを物語る。

西村氏もBを介した池田氏とのやり取りで本気を感じたのだろう、翌日、民社党の佐々木良作書記長に対して「（言論出版妨害事件をめぐる）公明党との戦いは、いつ休戦するかの腹案をもう準備しているのか」と質問している。

民社党が求めた池田氏の証人喚問問題が燃え盛り始めた時期の西村氏のこの問いは唐突だった。佐々木氏は後年、「（創価）学会や公明党との関係は、（公明）党とはまったく別のサイドで話し合いが行なわれていた」と回顧している。

西村氏はこの１カ月余後の１９７０年４月14日からの民社党定期大会の冒頭あいさつで

「(一九)七二年までに革新陣営の再編成を完了し、七〇年代中期までに政権を確立する」と表明した。その際、共産党などを念頭に「階級政党」「革命主義」を否定するとともに、「政治を宗教の手段化する邪道を排さなければならない」とも強調した。しかし、これは単純な公明党排除ではなく、政教分離など池田氏の意向を踏まえた「呼びかけがこめられていた」ものだったという。

この頃、Bから池田氏と西村氏の会談の催促があり、「西村構想はすべて池田に伝えてあり、池田は大賛成、是非実現させていただきたいといっている」とも伝えられたのだが、西村氏は5月3日の創価学会総会後に相談したいと述べている。総会での池田氏の発言を見極めたかったのだろう。

西村栄一氏の民公合併構想

西村構想とはBに西村氏が話していたシナリオで、根幹部分は次のようなものだった。

「革新勢力の再編成は民社、社会党民主派グループ、政教分離後の公明党を対象とする。順序として民社党が主導権をとり、まず公明党と話し合う。すなわち西村と池田会長の話し合いを正規の機関にのせて具体化しなければならぬが、その前に両党の人脈関係を緊密化する。そしてそれを背景に、両党提携を公表する前に、社民党民主派グループに働きかけ、三党同時に新党結成に乗り出す」

構想の最終形が「三党同時に新党結成に乗り出す」とされているが、民社、公明両党の合併合意が基本である。「公明党の今後に対してお力添えをお願いしたい」という当初の池田氏の要請に対して西村氏が政党の合併という具体案で答えた形だった。合併構想は西村、池田両氏の共同作業で浮上したということになる。ここにも政党間の問題を政党トップと他党の支持母体のトップで話し合うという構図が見られる。

1970年5月3日、東京・両国の日大講堂で行われた創価学会総会で、池田氏は「政教分離」を宣言、公明党議員の学会役職兼務の禁止、選挙活動は公明党が行い、学会は支持団体にとどまること、学会員の政党支持の自由なども打ち出した。

この日の夜、Bから西村氏に「お約束通り池田会長は本日宣言しました」と会談日程を尋ねる電話があり、西村氏は「一三日以後ならいつでも」と答えている。

西村氏は池田氏に対する要求が満たされつつあると踏み、10日後の13日、支持団体である労組の全国中央組織「同盟」会長の滝田実氏と会談、池田氏との一連の経緯を説明、協力を要請し、革新勢力の再編成について賛意を得た。さらにこの日、事務所を訪れた民社党の春日一幸《かすがいっこう》氏に「公明党との戦線統一について、竹入君から会談の申入れがあれば、隔意なき懇談をとげてもらいたい」と指示した。この後、西村氏は同盟のみならず同じ労組の全国中央組織「総評」係の労組リーダーに協力を要請していく。

5月19日、Bから会談について「七月十八日か十九日」という提示があり、西村氏は7月18日を指定するとともに協議の具体的なプログラムを示し、民社側の窓口を佐々木書記長、春日氏、池田禎治国対委員長、竹本孫一《たけもとまごいち》政審会長ら「五奉行」とすると伝えた。

28日、「昨夜池田会長と会見、先生の意思は一部始終伝えた」と伝えてきたBに対して西村氏は、公明党首脳部は民社党幹部との接触を開始し、「六月上旬までに、戦線統一についての打ち合わせを完了し」「公明党は六月二十五日の大会で、革新陣営の戦線統一につき、民社、社会両党に申入れを行なう」よう求めている。

この後、Bから、公明党の竹入、民社党の佐々木両氏の会談は公明党大会後にしたいとの池田氏の意向が伝えられたが、6月13日、竹入氏と竹本氏の会談が極秘裏に行われた。

これは春日氏らが申し入れた結果で、革新勢力の再編成についての民社、公明両党幹部の初の話し合いとなった。

この2日後、西村氏は記者会見で、「七二年までに革新政党は団結」するとの目標を掲げ、「民主的な野党は、書記長を中心に七月上旬から自然に話合いはあるものと予想している。この問題の輪郭は、八月中旬ごろまでにやや明らかになるだろう」と踏み込んだ見通しを示した。

この発言には公明党の名前は出ていないが、「重要なことは…油断のならない共産党の進出をどうおさえるか」「今後野党はおたがいに、胸きんをひらいて話し合いたい」などの表現があり、マスコミは、公明党を含めた革新政党の統一を目指した発言と報道した。

当然、民社党内からは問題視され、記者会見翌日の党中央委員会で和田春生氏が公明党について「(民社党大会で)全体主義と定義づけ、きびしく対決すると決めている」として矛盾ではないかと追及した。

これに対して西村氏は言論出版妨害事件に触れながら「個人にせよ政党にせよ、その成長・発展の過程で曲折はある。それを経て誤りをただし、新しい進路に向かおうとするときは、善意をもってみまもるべき」「新しい方向が民主社会主義であれば大同団結の条件も生まれてくる」「小異をすてて大同につくことが必要だ」と踏み込んだ。

西村氏は、中央委員会で議論になることを期して前日の記者会見で発言していたようだ。公明党との合併に向けて、舞台をそれまでの水面下から表に移したのだ。

公明党も平仄《ひょうそく》を合わせるように6月25日からの党大会で池田氏の政教分離宣言を受けて党綱領を改正、「王仏冥合」などの仏教用語を削除し、福祉社会の建設と議会制民主主義の確立、中道主義による国民政党を党の基本的性格とした。

さらに大会最終日、委員長に再選された竹入氏は「将来、国民世論の要求と支持が高まり、諸条件が整うならば、政界再編成の可能性も長期的展望として検討したい」と述べ、野党再編についての社会、民社、公明3党の党首会談を提唱した。

池田氏の主導でスタートした合併構想は、どのような形で公明党側に伝えられたのか。この点について竹入氏は回顧録で、時期は明示していないが、「箱根・仙石原にある創価学会の研修道場で、池田大作会長から、合流の話を聞かされた」と明かしている。

7月3日、西村氏は、公明党との合併に反対の民社党前委員長の西尾末広、伊藤卯四郎《いとううしろう》両常任顧問や4月の党大会で委員長選を戦った曾禰益《そねえき》氏らと昼食会を兼ねた懇談会を開いて直接、理解を求めた。公明党側との交渉は五奉行に任せ、自らは最難関である党内の反対派の説得に当たったのだ。

西尾氏らの賛成は得られなかったが、4日後、西村氏は竹入氏と初の会談に臨んだ。直後に予定されている毎日新聞企画の両党首会談についての打ち合わせが名目だったが、西村構想の説明や両党の党内事情についての話し合いが行われた。

実はこの時点で、この月18日に設定されていた西村、池田会談は、池田氏の体調不良を理由に延期になっていた。この土壇場での会談延期に西村氏は疑念を抱いた。

当時の日誌に「私はあくまで彼（池田氏）を信ずる。万一これが騙《だま》かしであるとすれば、それもやむを得ない」などと記している。「騙かし」という強い表現を使っており、「池田氏が心変わりしたのではないか」という単純なものではなかっただろう。「一連の呼びかけは民社党を軟化させ、池田氏の証人喚問問題を乗り切ろうとした策だったのではないか」とまで疑ったとしても不思議ではない。

実際、池田氏の政教分離宣言後の5月12日、証人喚問を最初に求めた民社党の塚本氏が、国会閉幕を翌日に控えて時間的な制約があるとして矛を収める形となっていた。

江田氏の呼応と西村氏の死

西村、竹入両党首会談は7月11日付の毎日新聞朝刊に1面トップで大きく掲載された。「野党再編成への展望」。これで、民社、公明による新党への胎動は周知の事実となり、政界に波紋を呼んだ。

社会党内にも呼応する動きが生じてきた。社会党の江田派と民社党議員の会合が行われるようになり、8月8日には社会の江田三郎、民社の佐々木、公明の矢野絢也の3党書記長会談で国会の内外での共闘積み重ねを確認、その後、江田氏が労組の大会で社公民3党共闘と労働戦線統一の必要性を強調した。

12月2日の社会党大会最終日に行われた委員長選挙で、現職の成田知巳《なりたともみ》氏に挑戦した江田氏が敗退した。この結果は江田氏側には打撃だったが、フリーな立場になった江田氏が野党再編成への動きを強めるという結果にもなった。

社会党大会に先立つ11月10日、西村氏と竹入氏は密かに会談し、社会党内の情勢について意見交換し、江田氏が慎重になっても野党再編成は進めることで一致している。委員長選で江田氏は敗北したが、江田派に対する民社、公明両党からの働きかけも強まり、翌1971年2月、江田氏を支持する勢力は野党再編成を目指す「現代革新研究会」に衣替えした。このグループは、民社、公明両党の合併構想に呼応するものだった。

合併構想は、当事者である竹入氏が「寸前」とまで表現した状況に至ったが、政治以外の事情で頓挫することになった。4月27日、西村氏が死去したのだ。前年から体調を崩し、入退院を繰り返した末の病死だった。

竹入氏は回顧録で「西村さんが亡くなって、春日一幸さんが委員長を継いだことで話は中断した」「春日さんは『おれはしばらく待ちたい。信頼ができてから合流、合併だ』といっていた。いま合併すれば、議席の少ない民社が公明にのみ込まれたように外から見られる。それはいやだ、という考えで一貫していた」「提携推進派は佐々木良作さん（元委員長）くらいで、委員長になったときは、もう遅かった」と説明している。

つまり、合併構想は民社党内で、多少の障害は押し流すほどの大きな流れにはなりきっていなかった。西村氏が時に拙速にも見えるほど公明党との合併に突き進んだ背景には自身の病、党内情勢があったとみられる。

ただ、竹入氏は回顧録でこうも記している。

「トップ同士では基本的に合意していた」「西村さんが元気でいたら、民社党といっしょになっていたかもしれない」

この章の冒頭、合併構想は創価学会の池田会長側からの接触打診で始まったと記したが、その直前の1969年に出版されたある著作でこの構想は提案されていた。著作とは、池田氏が民社党との合併を模索するきっかけになったとみられる言論出版妨害事件で注目を集めた藤原弘達氏の『創価学会を斬る』である。この中で藤原氏は公明党と創価学会を政教一致だとして徹底的に攻撃した上で、公明党が進むべき道として「公明党を解散して、むしろ民社党に合一し、第三勢力としての性格を明確にするのも一案」と提案している。

藤原氏の主張の核心は「公明党が創価学会・日蓮正宗との関係をはっきりと断ち切り、完全な世俗勢力として性格を明確」にすることにあり、最もわかりやすい世俗化は宗教との関係が薄い政党との合流と考えたのだろう。

藤原氏は民社党を挙げた理由について「公明党から日蓮正宗・創価学会的な宗教色をとるなら、公明党の政策は、民社党のかかげている諸政策と――『安保問題』にせよ『沖縄問題』にせよ――ほとんど違いがないから」としている。

ただ、藤原氏は合併構想について「可能性はない」と断言して「公明党の解散を要求すべき」としており、逆説的な提案だった。池田氏、西村氏がこの提案を知っていたかは定かではないが、藤原氏が可能性を完全否定していた構想を当事者たちが進めようとした経緯からは当時の創価学会、公明党が置かれた厳しい状況が浮き彫りになってくる。

第4章

究極の選択「創共協定」

松本清張氏の提案

第3章で見た民社党との合併構想を創価学会の池田大作会長が選択肢としたことについて、当時の公明党委員長だった竹入義勝氏は回顧録で「言論出版妨害問題の後、態勢をどう立て直すかの中で出てきた」「創価学会としては、言論問題をともかくしのごうというもので、後で大きな旗印になる中道結集という視点はまるでなかった」と述べている。「中道結集という視点はまるでなかった」という表現は誇張だろうが、言論出版妨害事件をどう乗り切るか、今後、同じような事態を招かないようにするにはどうすべきか、ということがきっかけとなったのは事実だろう。

片方の当事者である民社党委員長の西村栄一氏の死去によって合併構想が頓挫して3年8カ月後の1974年12月、創価学会は「究極の選択」ともいえる驚きの動きを見せる。「公明党抜き」で仇敵《きゅうてき》ともいえる共産党との間でお互いを認め合い、共存することを誓った協定を結んだのだ。

協定が公表されると、自民党は強い警戒感を示している。それまでの自民党との融和的な関係から考えれば、創価学会としては大きな決断だった。協定に至るまでの経緯を詳しく見ることで、第3章と同様、言論出版妨害事件以後、学会、公明党がどのように試行錯誤《しこうさく》し、変遷したのか探ってみたい。

「創共協定」と呼ばれることになる協定文には創価学会の野崎勲総務と共産党の上田耕一郎常任幹部会委員が署名、池田会長と共産党の宮本顕治委員長がトップ会談を行い、確認してもいる。「それぞれの組織ならびに運動の独自の性格と理念、さらには立場の違いをたがいに明確に認識しあい、相互の組織と運動の独立を侵さないことを前提とした上で」合意したとする重要項目を抜粋する。

「創価学会は、科学的社会主義、共産主義を敵視する態度はとらない」

「日本共産党は、布教の自由をふくむ信教の自由を、いかなる体制のもとでも、無条件に擁護する」

「たがいに信義を守り、今後、政治的態度の問題をふくめて、いっさい双方間の誹謗中傷はおこなわない…すべての問題は、協議によって解決する」

「政治活動の自由、信教の自由をおかすファシズムの攻撃にたいしては、断固反対し、相互に守りあう」

「協定は、向こう十年を期間とし、調印と同時に発効する」

それまで創価学会を支持母体とする公明党は共産主義を否定、共産党は公明党を革新政党と認めず、言論出版妨害事件では先陣を切って、学会との一体性を激しく追及した。何より、学会、公明党と共産党は支持基盤が競合していた。普段から都市部の労働者や中小企業経営者らを取り込むために激しく争い、批判し合っていた。

そういう関係にあった創価学会と共産党がお互いの主義、信教について敵視する態度はとらない、無条件に擁護すると明記した協定を結んだことは画期的だった。公表は、学会側の事情で7カ月後にずれ込むことになるが、驚き、衝撃は大きかった。

協定文が完成するまでの経緯を見ると民社党との合併話とは別問題だが、共通点も散見される。創価学会と共産党の仲介役で、協定締結を提案した作家の松本清張氏の『「創共協定」経過メモ』（以下、松本メモ）、共産党側で作成に携わった党文化部長の山下文男氏の

『共・創会談記』（新日本出版社。以下、会談記）によって振り返ってみる。

松本メモによると、1969年頃、京都嵐山の料亭「吉兆」で池田氏と会食した際、「宮本氏の人柄と統率力に感心し、一度雑談したいような口吻だったので、私はその紹介をつとめようと言った」のがそもそもの発端であり、伏線だった。

この後、松本氏が旧知の共産党の山下氏を通じて宮本氏に伝えたところ、「異議はないようだった」という。しかし「その後、一方が応といえば一方が時期尚早として否という。これが数回相互に繰り返された」ため、松本氏は「手を引いていた」状態だった。

松本氏が池田氏から直接、宮本氏と「雑談」したいと聞かされたのは「1969年頃」とあるので共産党が創価学会、公明党を激しく追及する言論出版妨害事件が起きる直前と見られる。「（1974年の）三年前に両者対談の仲介を試みて失敗した」との記述もあり、事件後の1971年頃にも仲介努力はなされていたようだ。

松本氏が手を引いて、いったんは死んでいた話が息を吹き返したのは1974年10月20日のことだった。この日、創価学会文芸部長の志村栄一氏が松本氏宅を訪れ、池田氏から「個人的な意志」として直接聞いたという「宮本委員長と雑談したき旨」を伝えてきた。

民社党との合併構想が頓挫した翌年の1972年衆院選で共産党は38議席を獲得し、公明党に勝っていた。さらにその翌年9月の公明党大会で、「中道革新連合政権構想」が発表され、委員長の竹入氏は「共産党を含む全野党共闘もありうる」（薬師寺克行『公明党』）と述べている。共産党抜きでは野党共闘が語れない時期だった。

松本氏は志村氏に対して「両組織の幹部クラスが予備会談を持ち、そこで両首長の対談範囲を十分に検討して共通の話題を設定し、その上で両氏の会談の運びとしたい」と提案した。状況が好転したとの判断があったとみられる。

翌21日、志村氏が松本氏宅を再訪、創価学会男子部長だった野崎氏を日本共産党の上田氏と予備会談させたいとの池田氏の意向が示された。

松本氏はさっそく、共産党の山下氏に電話で来宅を求め、夜8時頃から会談した。ここからは山下氏のメモにもとづく会談記の方が詳しい。松本氏は自身と志村氏との関係や学会内での立場などについて説明した後、志村氏とまとめた「野崎―上田」会談を経た「池田―宮本」会談案を山下氏に伝え、即刻、宮本氏に伝えるよう求めている。

山下氏は松本氏の話を記録したメモを本人の前で読み上げ、誤りがないか確かめるなど慎重を期した上で、党本部で仕事をしていた宮本氏に報告、「趣旨には賛成だ、正式な返事は、機関に相談してから後で」との返答を得て、後日、松本氏に伝えている。

矢継ぎ早の上田―野崎会談

この後、話はトントン拍子に進み、10月30日に東京・新宿の京王プラザホテルの一室で、共産党の上田氏と創価学会の野崎氏による初回の予備会談が行われた。松本氏が仲介役として、山下、志村両氏も陪席というメンバー構成は最後まで続いた。

野崎氏は冒頭、創価学会と共産党は「世の中を変えていくことをめざした社会運動を行なっている」点では一致点があり、池田会長は両者の交流と協力、宮本氏との会談を望んでいると述べた。

それを受ける形で上田氏が、池田氏の希望を了解した上で「公明党と学会との関係を聞きたい。公明党の大会方針を見るとたいへん右寄りになっているように思うが」と質問。野崎氏が政教は分離されているとして「将来は複数政党支持あるいは統一戦線支持に変ってゆく可能性もある。学会と共産党の交流や協力関係ができれば、公明党もそれを考慮せざるを得ないだろう」と答えている。

会談は1時間半行われ、松本氏はトップ会談の実現や協定の必要性を説いた。

11月10日には松本氏宅で2回目の予備会談が行われた。5人のフリートーキング形式となった会談は3時間行われ、上田氏が「学会が特定政党（公明党）を支持しつづけることは、障害」と指摘、野崎氏が池田会長は「懸念にはおよばぬ」と言っている、と答えている。あるべき論と実態に乖離があり、予備会談で最後まで焦点となったこの問題の他、布教の自由、政治活動の自由、ファシズム、絶対平和主義などについて議論している。

3回目の予備会談はやや間をおいて12月1日に松本氏宅で3時間半行われた。野崎氏から池田氏の意向として、公明党対策としての文書による協定締結が提案された。創価学会が協定を公明党に知らせた後、公明党の矢野絢也書記長と共産党の不破《ふわ》哲三《てつぞう》書記局長の会談を松本氏が仲介、開催するなどして公明党を説得するという段取りだった。

これに対して上田氏は、12月中に宮本委員長と池田会長のトップ会談を実現し、予備会談を土台にして「共同コミュニケ」を発表する、と提案した。予備会談とトップ会談の間に党同士の「矢野—不破会談」を行うという野崎案に上田氏が納得せず、保留となったが、協定締結については双方一致し、次回から協定案を持ち寄ることになった。

続いて12月10日夜、4回目の予備会談が4時間半、行われた。やはり公明党をどう説得するかで行き違いがあったが、第一次案の提示が行われ、次回に第二次案を突き合わせることになった。

5回目の予備会談は12月17日朝から4時間半開かれた。双方がそれぞれの第一次案を踏まえた第二次案を持ち寄って突き合わせ作業を行った。初回から懸案だった創価学会の公明党支持問題、公明党と共産党の敵対関係をどうするかが焦点となった。大雑把《おおざっぱ》に言えば、「創価学会は公明党を支持する」と協定に書き込みたい、また、公明党の説得を学会と共産党の話し合いによって行いたい野崎氏側と反発する上田氏という構図だった。

年の瀬も押し迫った12月26日夜、6回目の予備会談が松本氏宅で4時間半行われた。双方が持ち寄った第三次案の最終的な突き合わせが行われ、信教の自由問題では「無条件」に擁護することで折り合ったが、やはり創価学会の公明党支持を書き入れることの是非が問題となり持ち越しとなった。しかし、話し合いを打ち切るという話は出なかった。

最後の予備会談は12月28日朝から松本氏宅で5時間半行われた。創価学会側が求めていた公明党支持問題は、両者の関係についての記述自体を削除することで決着、表現で対立していた「誹謗中傷はおこなわない」という部分で公明党支持問題を含む「政治的態度の問題をふくめて」を前記することで折り合い、協定文が完成した。最初の予備会談から協定ができあがるまで約2カ月という短期間だった。

肩抱き合う池田、宮本両氏

予備会談の最終目標であった池田、宮本両氏によるトップ会談、協定調印は翌12月29日午後、やはり松本氏宅で行われた。2時からのトップ会談は松本氏を入れた3人で約30分行われた。山下氏は入っていないので、同席した松本氏のメモを直接引く。

池田氏より宮本氏に手をさし伸べ、互いに肩を抱き合う。

池田氏は（終戦直後、宮本氏が行った）飯田橋の演説を聞いた話をする。宮本氏は憶えていないと笑う。

宮本「こんどの協定については、早急にはその履行の実現を望まない。無理をせずにゆきたい」

池田「まったく同感である。宮本さんはわれわれを信用してもらいたい。決して期待を裏切るようなことはしない。公明党の路線変更については時間を藉《か》してもらいたい」

宮本「わが党はいったん決めたことには不変でゆく。その点は一本化している。簡単である」

池田「政教分離は完全に行なわれている。…党執行部には独自の実権ができていて、いまや党が学会を支配するくらいの傾向にある。私は人材の多くを公明党に放出した」

宮本氏は意外な表情。

池田「公明党の幹部は自分の先輩が多い。地方の党幹部も党中央幹部の系列にある…」

松本「会長と公明党執行部との間にパイプはないのか」

池田「ない。竹入、矢野らも来ないだろう」

松本「北条（浩）副会長はこの協定の件を完全に諒承したか」

池田「北条はびっくりしたが、諒承した。学会幹部もこれに従うだろう。これで学会は協定の線にかたまると思う」

松本「会長は公明党執行部に、新路線についての示唆をまだ与えておられないか」

池田「やっていない。これには時間がかかる」

宮本「公明党は、池田会長の発言を反共寄りに解釈している。公明党は口では反自民を言っているが、実際の路線は自民党に同調である」

池田「現在の公明党執行部は政治の玄人になっている。そのために学会を素人と考え、独善的になっている」

松本「公明党は創価学会の上部構造的な政党だから、創価学会が変れば、結局のところ公明党も学会に追随せざるを得ないだろう」

宮本「私もそう思うが」

池田「そうなるには、まだ時間がかかる」

協定について公明党の説得ができておらず、時間を要することが池田氏から強調されている。民社党との合併構想と、この点は大きく違っている。合併構想の際は公明党側の了解も一応得られており、残るは民社党内の反対派の説得だった。今回は、公明党の説得が課題として残っていた。

高揚感漂うロマン談義

ここで興味深いのは「公明党は創価学会の上部構造的な政党だから、創価学会が変れば、結局のところ公明党も学会に追随せざるを得ないだろう」という松本氏の見方に宮本氏も同調していることである。

下部構造である産業のあり方が上部構造である社会制度や文化を規定するという考えはマルクス主義の柱となる主張だ。松本氏の発言をそのまま受け取れば、宗教団体が政党のありようを規定しているということになり、完全な分離状態ではないということになる。それは協定の前提に反しかねない。池田氏は「時間がかかる」とその見方に修正を加えており、矛盾は先鋭化していないが、この積み残された難題が後に協定が死文化する要因となる。再び、松本メモに戻る。

池田「牢に入っていた人間は強い。初代牧口会長がそうで、反権力で闘った。その次の戸田城聖会長から右寄りになった。自分がその軌道を左寄りに修正した。人間は牢屋に入らないとダメだ。その点、宮本先生を尊敬する。これからは兄弟のつき合いをしよう」

宮本「こちらこそそうおねがいしたい」

この後、日本でのファシズム出現の可能性についての松本、宮本両氏のやり取りが行われる。池田氏が突っ込んだ発言をする。

池田「もし、共産党が弾圧をうければ、学会はその擁護に起ち上る、学会が同様な場合には、共産党もそうしてもらいたい」

宮本「その時は党を挙げて擁護のために闘う」

これに関連して自民党からの妨害工作に屈しないよう求める松本氏に池田、宮本両氏は応じた上で、高揚感をうかがわせる「ロマン」談義から中国やソ連との関係に話は飛ぶ。

池田「こういう発想になったのも自分のロマンからである。ロマンは、現実問題のコセコセしたことは考えない」

宮本「ロマンは結構である。両者の関係発展もロマンでゆこう（笑）」

池田「これからは親類つき合いである。よろしくお願いしたい」

宮本「同様にねがう。この協定によって、（日本の危機回避に）やっと間に合ったという感じである」

想定期間内に締結された協定、そして「兄弟のつき合い」や「親類つき合い」という言葉まで飛び出す高揚感漂うトップ会談と、創価学会と共産党との関係改善は着実に進むかのようだった。しかし、事態は正反対の結末を迎える。

遅れる公表と死文化

まず協定の公表が大幅にずれ込んだ。公表することは合意されていたが、創価学会側が先送りを求めた。協定の策定過程で徐々に明らかになり、池田、宮本両氏のトップ会談ではっきりした公明党説得問題が残っていたからだ。

公明党の竹入委員長や矢野書記長は、協定締結直後の1974年末、あるいは年明けに創価学会幹部から話を聞かされたとしているが、二人とも強く反発していた。内容もさることながら、政党間の関係に影響する問題を自分たち抜きで決めていたことに対する不満もあっただろう。

松本メモによると、野崎氏が両氏に説明したと報告に来たのは1975年2月7日。野崎氏は「両人とも予想外のことを聞いたという顔をしていた。矢野は、これまでの行きがかり上、共産党に対する態度を急に変えるわけにはゆかない、この話はわれわれ両人の胸の中におさめて、下部には伝えない、と言っていた」という。

会談記でも同様の野崎発言が記されている。矢野氏の発言は「聞かなかったことにする」

という意味で、保留なのか拒否なのかは不明だが、最終的に公明党は協定を受け入れていない。会談記には、この後の話し合いで野崎氏から上田氏に「発表する必要ありますか?」「発表用のものを別につくるということは?」という提案もなされたと記されている。公明党説得問題での創価学会側の苦慮ぶりが浮かび上がる。

公表がずれ込んでいるうちに、新聞社や週刊誌に情報が漏れ始め、7月27日に朝日新聞が詳細を報道した。これを受け、やっと双方が公表することになった。

続く創価学会の動きは早かった。29日付の聖教新聞で秋谷栄之助副会長がインタビューに答える形で、協定は「共闘なき共存」と主張、公明新聞では矢野書記長が秋谷氏と会談したことを報じる中で、秋谷氏と同様の見解を示した。

これに対して共産党は「協定は共闘することを否定していない」と主張した。双方、「共存」には異存ないが、その延長線上で「共闘」するかどうかについて真正面から対立した形だった。協定には「政治活動の自由、信教の自由をおかすファシズムの攻撃にたいしては、断固反対し、相互に守りあう」との文言もあるが、これはファシズム体制となった場合の話であり、問題は、その前段階での対応だった。

この頃、野党各党はそれぞれ連合政府構想を提唱、共産党は協定が締結される前の1973年11月の党大会で、「民主連合政府綱領についての提案」を採択しており、「共闘」という言葉は国政選挙などでの協力を想起させた。8月に入って公明党は協定の受け入れ拒否を決め、池田氏も「共産党と共闘する意思はない」などと発言した。

協定はそれまでの対立を終わらせようとするもので、内部の反発は必至で、対応を誤ると当事者が失脚しかねなかった。公表後も堅持するには、お互い協定通りの冷静で慎重な対応が必要だったが、違う解釈を主張し始めるに至り、日本の政治史上、画期的ともいえる協定は死文化していった。

第5章 現実路線化する公明

協定死文化から脱革新へ

この章では、試行錯誤を経て、公明党が現実路線化していく過程を概観する。公明党は創価学会の池田大作名誉会長の同意を得て分裂含みの自民党の権力闘争にかかわったことで、政権獲得への道筋を大きく変える。自民党との関係が学会、公明党を変化させた事実をたどることは、目まぐるしく変化するその後の動きを理解する上で役立つことになるはずだ。

前章で見たように「創共協定」公表が創価学会内部に与えた衝撃は大きかった。事実上、協定の当事者であり、締結直後のトップ会談で、共産党の宮本顕治委員長に「これからは兄弟のつき合いをしよう」とまで口にした池田氏が公表後、「共闘」という共産党の主張を完全否定して死文化させたこと自体が衝撃の大きさを物語る。最高指導者に軌道修正を迫るほどの衝撃だったのだ。

さらに公明党は協定公表直後の1975年10月の党大会で、中道戦線を打ち出し、革新か否かの基準となる日米安保条約について2年前に打ち出した「即時廃棄」を捨て、「交渉による廃棄」とした。

これを分岐点に創価学会、公明党は現実路線を歩むことになる。結党から3年後の1967年、日米安保条約について「段階的に解消」、言論出版妨害事件後の1973年には「即時廃棄」をとなえていた。この革新路線からの脱却だった。

この後、公明党は、社会、民社両党との「社公民」、そして協定公表後は、自民党の一部との連携、さらには自民、民社両党との「自公民」と連携相手と枠組みを変えながら、政権獲得の可能性を追い求める。

公明党が現実路線に転じたのは公明党自身の事情や野党の情勢もあるが、自民党を取り巻く状況が激変したことも大きかった。1976年7月、竹入義勝委員長の盟友である元首相の田中角栄氏がロッキード事件で逮捕され、任期満了の12月の衆院選で、自民党は結党以来初の過半数割れを起こした。追加公認を含めてかろうじて過半数を維持したが、与野党伯仲状態が本格化した。

圧倒的多数派だった自民党の党勢に陰りが見え、派閥抗争も激化したことで、公明党はじめ野党にも政権獲得、あるいは政権入りの可能性が大きくなったと受け止められた。全野党共闘を掲げる社会党、社会党右派との連携を図る公明、民社両党、独自路線の共産党と、野党は足並みをそろえることができなかったが、公明党は現実路線からさらに保守化ともいえる変化を見せる。

1978年1月の党大会で、竹入委員長は自衛隊について「存在には批判もあるが、既定の事実と化している」と容認の考えを示した。この発言を福田赳夫首相は「かねて念願していた健全野党の出現を意味するもので、日本の政界全体にとって好ましい」と即座に歓迎した。

さらに矢野絢也書記長が参加者との質疑で「従来の保守、革新というレッテル張りには意味がなく、連合政権樹立前の政界風土、地図によって考えるべきだ」と自民党との連携を示唆した。

言論出版妨害事件をめぐる国会攻防で幕を開けた1970年代の前半から中盤、窮地に追い込まれた創価学会、公明党は民社党との合併構想や共産党との協定締結などで暗中模索を続け、後半は現実路線を歩み、ついに安保政策を転換した。そして、表立って自民党との連携を視野に入れることになった。

1979年の連立への誘い

公明党の軌道修正に決定的な影響を与えたと思われる出来事が1979年にあった。衆院選で大平正芳首相率いる自民党が敗北した後、衆参両院の首班指名選挙で誰を首相候補とするかで大平・田中両派ら主流派と、退陣を求める元首相の福田氏ら反主流派が激しく対立した。

いわゆる「四十日抗争」は激化し、大平、福田両氏のいずれを候補とするか決めきれないまま11月、首班指名選挙に突入することになった。大平氏が多数派工作として公明党委員長の竹入氏に連立政権を持ち掛けたのだ。現職首相による直々の打診である。

竹入氏は回顧録で東京・築地の料理屋で行われた大平氏との会談でのやり取りを紹介している。

大平「どうだ、内閣に入って、いっしょにやらないか」

竹入「条件は変わらない。ひとつは憲法擁護、もう一つは企業献金をやめるということだ」

大平「企業献金をやめるなんて自民党がまとまらない」

竹入「企業献金をやめる約束をすれば、一気に連立に行くぞ。やめるまで十年くらい余裕をもっていい」

竹入氏が紹介している、連立政権を打診する「どうだ、内閣に入って」という大平氏の発言が直截《ちょくせつ》的すぎて違和感を抱くかもしれないが、根底には強い信頼関係があった。二人は1972年の日中国交正常化を通して親しくなった。竹入氏が事前に中国を訪問するなど環境整備に努め、当時の首相だった田中氏の訪中実現に寄与したが、その当時、外務大臣だった大平氏とも何度も接触し関係を深めていた。そして大平氏の後ろ盾は田中氏だった。竹入氏は田中氏とも親しかった。

竹入氏は回顧録でさらに「連立の誘いは、このときが初めてではなかった。大平さんが首相になってから、予算修正問題などで苦境に立った時、何回か打診を受けた。すぐ、企業献金問題のやりとりになった」と明らかにしている。

竹入氏が「条件は変わらない」と答えているのは以前にも同じようなやり取りがあったためだ。予算修正に絡んでのやり取りは1979年の2月から3月にかけてのことと見られる。連立政権の打診が珍しくなくなるほど自民党と公明党の首脳同士の関係は深いものになっていた。

表向きは自民党と野党の攻防が続いた。衆院で本格的な与野党伯仲《はくちゅう》状態になって迎える1980年の参院選を前に、自民党を追い込むため野党各党は「共闘」を打ち出した。公明党が民社党と「中道連合政権」で、さらに社会党と「連合政権構想」でそれぞれ合意した。

共産党との連携の是非などで距離のある社会、民社両党を公明党が仲介するブリッジ役を果たして参院選に備えた。完全ではないが、その時点で可能な限りの共闘体制だった。

しかし、田中、福田の両首相経験者の対立を中心に派閥抗争が激化していた自民党で想定外のことが起きた。参院選を目前に控えたこの年5月に、大平内閣に対する不信任決議案が福田氏ら非主流派の本会議欠席で可決され、史上初の衆参同日選挙となったのだ。

もともと公明党をブリッジ役とした強固とは言えない参院選向けの体制で、衆院選を想定してもいなかった野党共闘は崩れ去り、自民党が衆院、参院ともに圧勝した。公明党は衆院で獲得議席33と前年衆院選の57から激減した。

公明党は同日選後の党大会で「八〇年代連合政権要綱」を打ち出し、従来の「中道革新連合政権構想」を取り下げた。新たな要綱は、社公民を維持はするが、枠組みに自民党離党者でつくる新自由クラブや社会民主連合という中道政党を加え、「反自民」としていた政権の性格を修正し、自民党の一部も含むとした。

公明党が想定する連合政権の性格を修正した背景には、自民党の権力闘争の激化や大平氏らとの信頼関係、そして再三の連立政権打診があったとみられる。

二階堂擁立劇への関与

現職首相からの連立入りの打診を経験し、自民党の一部との連携も選択肢とするに至った公明党は1984年、構想を実行に移すような動きを見せる。「二階堂擁立劇」である。当時の中曽根康弘首相は、秋に予定されている自民党総裁選で再選を目指していた。これに反対していた鈴木善幸前首相や福田元首相らが、副総裁の二階堂進氏を担ぎ出そうとしていた。二階堂氏は中曽根氏を推す田中元首相の盟友であり、田中派の実力者だった。主流派の中枢にくさびを打ち込んで状況を転換させる大胆な一手だった。

鈴木氏は公明党の竹入委員長と民社党の佐々木良作委員長に声をかけ、両氏も同調し、自公民連立政権も視野に二階堂擁立が動き出した。

二階堂氏は記者に語る形の回想録『蘭は幽山にあり　元自民党副総裁二階堂進聞書』（馬場周一郎著、西日本新聞社）で、竹入氏らに事実上の決意表明をした時のやり取りを明らかにしている。

（9月28日夜）鈴木善幸さん、公明党委員長の竹入義勝さんと私は新橋の料亭「金田中」で落ち合った。ここで竹入さんが「タカ派的外交姿勢などを見るにつけ中曽根氏の再選は好ましくない。二階堂さん、あんた立て」と促した。鈴木さんは「そうだ」とばかりに首を大きく振っている。

…この期に及んで沈黙を通すことはもはや許されないと思い、意を決して次のように言った。

「私はロッキード事件で灰色高官と言われ、いまさら総理総裁などは考えられないかもしれない。が、いまの中曽根政権は危険な方向に向かっている」。私なりの決意を精一杯表明したつもりだった。鈴木、竹入両氏はそれを聞いてうなずいた。

一方、竹入氏は回顧録でこの時のことを次のように記している。

鈴木さんが総裁選に二階堂さんを担ぎ、中曽根康弘首相の再選を阻止する構想を示した。福田赳夫さん（元首相）らにも話をし、鈴木派で立候補に必要な推薦人五十人は間違いなく用意する、といった。

私は「この問題は政権の問題でもあるから、一人で突っ走るわけにいかない。保留させてほしい」といって別れた。

二階堂氏の回想と微妙に違うが、二階堂擁立劇は動き出していた。この後、竹入氏は創価学会の名誉会長となっていた池田氏に了承を得たとしている。再び回顧録から引く。

兵庫県西宮市で開かれていた創価学会の文化祭に行ったら、池田大作名誉会長から芦屋にある別荘に招かれ、二人きりで話をした。そこで「鈴木さんから二階堂さんを擁立しようという話が来ている。私は乗りたいと思う」と説明した。

名誉会長は「本当にできるかなあ」といったので、「今のところ実現できる気がする」と答えた。それで「ゴー」ということになった。党として本格的に動き出した。

創価学会主導で進められた民社党との合併構想や共産党との協定締結とは違って、公明党側が先行している形だったが、やはり党として動き出す前に、支持母体のトップの了承が必要であったことが浮き彫りになっている。

この擁立劇は結局、中曽根氏を推し、自らの復権も視野に入れていた田中氏が反対、鈴木氏が田中氏を説得しきれず、反中曽根派も切り崩され、二階堂氏も田中氏との会談を経て断念した。

竹入氏はこの後、党会合で、田中支配の打破を目指した動きと説明、「今回は外野席からハンカチを振ってフレーフレーと激励した程度だったが、連立の方向は時代の流れであり避けて通れないのだから、次の機会には上着を脱いでやってもよい」と連立政権への意欲を示した。

公表後、死文化したものの共産党と協定を結んでから10年で、創価学会と公明党は現実路線の道を歩み、ついに自民党との連立政権を公言するまでになった。背景には野党共闘の不調と伸び悩み、自民党の派閥抗争が党分裂状態まで行き着いたことなどがあった。日米安保条約、自衛隊問題などで現実路線に舵を切れない社会党と共闘していても衆院選では勝利できない、自民党を飛び出してくる勢力と組んで政権獲得を目指す方が現実的との判断になっていた。

分派の小沢一郎氏らとの連携

1987年11月、中曽根首相の後継指名を受けて竹下登内閣が発足した。この内閣の最大の使命は消費税を導入する関連法案を仕上げることだった。痛税感を伴う消費税導入は創価学会、公明党には頭の痛い問題だった。さらに政界有力者やその周辺へのリクルートコスモス未公開株譲渡が朝日新聞のスクープをきっかけに明るみに出て、政界を揺るがすことになる。

当時はまだ自民党に所属していた小沢一郎氏のブレーンだった平野貞夫元参院議員は著書『公明党・創価学会の野望』（講談社＋α文庫）の中で、1988年7月4日、竹下内閣の官房副長官だった小沢氏と創価学会の秋谷栄之助会長の代理の「創価学会幹部」が会談、その後も頻繁に連絡を取り、会談して政治課題について協議したことを明らかにしている。「首相官邸―学会幹部」という伝統的ともいえる関係が新たに生まれたことになる。平野氏はこの学会幹部と、自民党と公明党の連立政権の可能性について話し合ったことを紹介している。この学会幹部は私に、平野氏の視点からの編集があるとしながらも一連の事実関係を認めている。

この後、竹下内閣は1989年4月にリクルート事件の責任をとり退陣を表明、2カ月強の短期に終わった宇野宗佑内閣をはさんで8月には海部俊樹内閣が発足した。この内閣で自民党幹事長になった小沢氏は盟友関係となっていた公明党の市川雄一書記長とのパイプを生かして、自公民路線を主導する。当然ながらそこには官房副長官時代以来の創価学会幹部との関係も絡み合っていた。

そしてこの小沢氏が佐川急便事件の処理をめぐって竹下派内で権力闘争を繰り広げ、派閥を離脱、1993年6月に自民党を離党し、新生党を結成する。翌月の衆院選を経て、公明党、民社党を巻き込んで非自民の細川護煕連立政権を樹立する。

細川連立政権は確かに「非自民」ではあったが、創価学会、公明党サイドから見れば、自民党政権の中枢を担っていた小沢氏らは自民党政治を色濃く継承する勢力だった。自民党を離党していても政治手法、支持基盤、集票・集金構造は自民党そのものだった。

小沢氏らを「分派」、自民党を「本体」と位置付ければ、本体と組むか、分派と組むかの違いに過ぎなかった。この時点では関係の深かった分派と組んだということだが、細川連立政権の樹立で分派とともに与党になり、自民党は野党となった。この本体の野党転落が創価学会、公明党にとって大きな試練をもたらすことになる。

第6章
野党自民の学会攻撃

国会質問での追及

非自民の細川連立政権に公明党が参加することで自民党との関係は一変する。この章では自民党による創価学会、公明党に対する執拗《しつよう》な攻撃を振り返ることで、きれいごとだけではない3者関係の多面性を理解していきたい。

自民党が、創価学会、公明党を「宗教と政治」の観点から激しく攻撃し始めたのは、1993年衆院選で細川連立政権が生まれ、下野してからだ。攻撃は、公明党の一部も合流した新進党が1997年末に解党する後まで続く。

野党だった自民党は1994年に社会党、新党さきがけと連立政権を樹立し、与党に復帰、逆に公明党は野党に戻っている。それでも自民党は攻撃の手を緩めなかった。公明党が、政権交代可能な二大政党の一翼を担うことを目指して結成された新進党に参加し、1995年参院選では新進党が比例代表で自民党を上回ったことが大きい。自民党は再び政権を奪取されるのではないかという恐怖感に突き動かされたのだ。

結党時から40年近く政権与党として政官業のトライアングルの中心に居続けた自民党に

とって、野党になって権力を手放していることは「瀕死」状態に陥ることを意味する。公明党が自分たちをそこまで追い込むつもりなのであれば手加減をしている余裕はないということだ。

野党に転落した自民党はさっそく１９９３年９月からの臨時国会で追及を始める。口火を切ったのは越智通雄《おちみちお》衆院議員。10月４日の衆院予算委員会で、まず細川内閣の三ケ月《みかづき》章《あきら》法務大臣に、「法務大臣は創価学会の回し者」という見出しの週刊誌記事をもとに池田大作名誉会長と面識はあるかと質問した。

次に総務庁長官に就いた公明党の石田幸四郎委員長の選挙応援に関連して「見聞きするところでは、池田記念講堂とか創価学会の建物を使い、学会の人々が動きながら、何か公明党の選挙運動や政治活動と宗教の活動とが混然一体になっているように見えるが、政教分離という点についてのけじめはどうつけているのか」と質している。

石田氏は「創価学会だけではなく、ほかの会合にも、選挙のための政治のあいさつに行くときがあるが、それは全部、幕間のあいさつで行っているわけで、学会としてのいろいろな会合の趣旨はそのまま貫かれている。……ことさら政教一致とかいうようなことを言われる必要は全くない」と答えている。

創価学会が関係施設で催す会合であいさつすることはあるが、幕間、つまり学会側の行事の休息時間や前後の時間にあいさつやスピーチをしているので「混然一体」ではないとの反論だ。

越智氏はさらに検察官出身の神崎武法郵政大臣に対して「あなたが検事をやめたのは、何か事件があったからだと聞いた。どういう事情で検事をおやめになったのか、うわさされている事件についてどういう立場なのか、御説明をいただきたい」と質問している。「うわさ」の内容は神崎氏には質問通告していると断っているが、具体的には触れていない。逆に神崎氏が「共産党の宮本（顕治委員長）邸の盗聴事件に、直接関与ではなくて、後で何か相談を受けたというようなこと」と説明し、関与を否定するとともに、党の顧問弁護士から「ぜひあなたに来てもらいたい」と誘いを受け、自ら辞職を願い出て定期異動のタイミングで辞めたと答えている。

越智氏の質問の根拠は週刊誌報道、自身の伝聞、うわさである。閣僚の答弁に対して追い詰めるような更問いもない。しかし、取りざたされている問題への公明党側の公式見解を引き出すとともに、公明党と創価学会が政教一体の可能性があるという印象を広めることはできている。

第1章で説明したように後日、野中広務氏が越智氏の質問を引き取るように創価学会の公明党支援や神崎氏と共産党の宮本委員長宅盗聴事件の関係などを質問。これをきっかけに自民党は追及を続け、テーマは越智、野中両氏が取り上げた事柄に加え、公明党人事への学会の影響力、学会に対する税務調査などさまざまな問題に及んだ。

また質問の根拠にも、創価学会の内部文書や元信者などの告発証言が加わった。週刊誌報道などへの反論答弁で引き出した公式見解を否定するようなもので、信頼性を低下させる印象操作には成功している。

国会質疑は、政策をめぐる論争の場ではあるが、国会での多数派が首相を選出する議院内閣制である限り、与野党による権力闘争という側面を伴う。自民党は国会を闘争の場として、「政治と宗教」の問題を闘争の武器として最大限利用したのだった。

学会を批判する「四月会」

国会の中だけではなく、自民党はその外にも闘争の場を広げた。反創価学会の宗教団体や学者、評論家、ジャーナリストを糾合して1994年5月、「信教と精神性の尊厳と自由を確立する各界懇話会」、通称「四月会」を発足させた。

6月23日に開かれた設立総会には自民党の河野洋平総裁、社会党の村山富市委員長、新党さきがけの武村正義《たけむらまさよし》代表がそろって出席し、それぞれが公明党、創価学会を厳しく批判した。マスメディアもこの動きを取り上げ、自民党は世論の包囲網づくりに成功した。

公明党と創価学会の関係をめぐって野党と国会外の勢力が連携するケースは言論出版妨害事件の際にもあった。事件が国会で追及されていた1970年3月、社会党、民社党、共産党の有志議員による「言論出版妨害真相究明の議員集会」が開かれ、出版を妨害された『創価学会を斬る』の著者の藤原弘達明治大学教授らからのヒアリングが行われ、国会追及の材料となった。第2章にあるようにこの時、自民党は池田氏の証人喚問などで公明党に歩調を合わせ、守る側にいた。

四月会の発足は、羽田孜氏が細川護煕首相の後継に選出されたものの翌日、社会党が新会派問題をめぐり連立政権を離脱、羽田内閣が少数与党としてスタートを余儀なくされた直後に行われた。

四月会の設立総会の翌々日、羽田内閣は総辞職、社会党の村山氏を首相とする自民、社会、新党さきがけの3党連立政権が発足した。3党首は直前の四月会の設立総会に駆け付けており、一部では「四月会政権」と称された。

自民党は政権復帰後も国会や四月会を舞台に創価学会、公明党を批判し続けた。

それは1995年夏に予定される参院選に向けて、公明党が細川、羽田両連立政権でパートナーだった新生党などと新党を結成する動きがあったからだ。新党への参加を阻止する、たとえ阻止できなくても批判を続けることで創価学会、公明党の動きを鈍らせる狙いだった。自民党が国会で何度も学会による公明党支援のことを取り上げているのはそのためだ。

結局、新党の動きは止められず、公明党は分党し、衆院議員と一部の参院議員からなる政党が先行参加する形で、1994年12月、新進党が結成された。先行参加しなかった参院議員や地方議員は「公明」として存続した。旧公明党勢力は2つに分かれて自民党と対峙する形になった。

1995年7月に行われた参院選は自民党の懸念通りの結果になった。新進党が改選時から倍増の40議席と躍進し、自民党の46議席に肉薄した。それ以上に衝撃的だったのは比例区で新進党に負けたことだった。

全力で創価学会、旧公明党勢力に対する批判を繰り返しても姿勢に変化が見られず、勢いも衰えないことに自民党は恐怖を覚えたのだろう。戦略をイメージダウンから組織に直接的にダメージを与える方向へ、段階を引き上げた。

宗教法人法改正による攻勢

舞台は参院選後の臨時国会だったが、方法はそれまでの質問による追及ではなく、宗教法人法の改正だった。改正案は、宗教法人に対する文部省などの監督権限を強化する内容で、①複数の都道府県にまたがるなど広域で活動する宗教法人の所管を都道府県知事から文部大臣にする②信者や利害関係人に、役員名簿、財産目録、収支計算書などの閲覧請求を認める③関係書類を会計年度終了後に所管庁に提出する――を柱にしている。

さらに宗教法人をめぐって認証取り消しや解散命令請求の対象になりうる疑いがある場合、所管庁が報告の要求や質問をできるようにすることを盛り込んでいた。宗教法人側からすれば、運用次第によって信教の自由が国家権力によって制限されかねないという懸念を抱く内容だった。

なぜ、この時期にこのような改正案が策定されるに至ったのか。直接のきっかけは創価学会、旧公明党勢力の問題ではなく、1995年3月に起きたオウム真理教による「地下鉄サリン事件」だった。この年3月20日、東京都の営団地下鉄の列車内で神経ガスのサリンがまかれ、13人が死亡し6000人以上が負傷する事件が起きた。

サリン散布はいずれも中央省庁が集中する「霞ケ関駅」に向かう列車で行われており、オウム真理教に対する捜査を妨害するため警視庁職員らを狙ったと見られたが、通勤時間に一般人を巻き込む無差別テロは日本だけではなく世界にも衝撃を与えた。全国的に活動していたオウム真理教に対して一元的に対応できず、世界的にもまれな大都市での化学兵器による無差別テロを防げなかったことへの反省が大きかった。戦前、国家が宗教団体に対して激しい弾圧を行った反省から信教の自由を守ることに重点を置いた宗教法人法を見直すべきだとする機運が醸成《じょうせい》された。

1カ月後の4月下旬、与謝野《よさの》馨《かおる》文部大臣が宗教法人審議会に見直しの検討を行うよう要請したが、審議は進まなかった。自民党を支持する宗教団体からの反対論に押しとどめられた格好だった。

この後、行われた参院選での与党敗北が事態を動かした。臨時国会を間近に控えた9月5日の会合で審議会は、改正案に大筋で合意し、創価学会、日本基督教団など4団体からの意見聴取を経て、国会召集日の29日に一部委員の反対を押し切って法改正を求める報告を島村宜伸文部大臣に提出した。政府は10月17日に改正案を閣議決定、国会提出した。

一方、報告提出に反対した委員ら7人はこの日、審議会の再開を求める申し入れを島村氏に行った。審議会の全委員は15人であり、半数近くの委員がやり直しを求めるのは異例中の異例だったが、受け入れられなかった。

池田招致要求

宗教法人法改正案が国会提出されて2週間後、衆院宗教法人特別委員会で審議が始まった。新進党は改正案を「信教の自由を侵す」などと批判したが、自民党はオウム真理教事件を根拠として法改正を求めた。

オウム真理教の教祖、麻原彰晃《あさはらしょうこう》（本名・松本智津夫）が5月に逮捕され、マスメディアでは地下鉄サリン事件だけではなく数々の凄惨な事件が取り上げられ、宗教法人法が不備であるとの世論が高まり、世論調査では法改正が圧倒的に支持されていた。

法改正を確実にするために衆院の委員会審議は6日という短期で終わり、11月13日に衆院本会議で可決され参院に送られた。自民党にとっては参院こそが主戦場だった。創価学会名誉会長の池田氏の参考人招致を要求したのだ。

これは創価学会にとって阻止しなければならないことだった。参考人でも国会に招致されればテレビで生中継される。自民党議員に追及される姿が全国に放映されれば、池田氏のカリスマ性が損なわれる可能性がある。

国会質問によるイメージダウン、有識者などとの連携による世論形成、そして池田氏の国会招致要求。自民党は、言論出版妨害事件が焦点となった１９７０年の国会で、共産党や民社党など野党が見せた動きをなぞるように追及を展開した。まるで当時、公明党を守る側として学んだ戦術を25年後に攻める側で応用したかのようだった。

旧公明党勢力が参加する新進党の事情は違った。言論出版妨害事件の時のように救いの手を差し伸べてくれる勢力は与党側にいなかった。11月28日、池田氏の国会招致問題を協議するために参院宗教法人特別委員会の理事懇談会が委員長室で開かれると、新進党の国会議員や秘書ら約３００人が部屋の前、廊下に座り込むなどして委員長らを閉じ込める騒動まで起きた。実力に訴えるしかなかったのだ。

協議は12月1日未明まで続き、池田氏の招致は見送られたが、秋谷栄之助会長を参考人として呼ぶことで合意した。自民党側からすれば池田氏の国会招致を断念した、創価学会側からすれば必要性がないのに秋谷氏が参考人として出席した、という妥協をした。そのような見方もできなくもない。

しかし、その過程で、自民党は、「池田氏を守るための政党」とのイメージを新進党にまとわせることに成功した。さらに創価学会には「池田氏の国会招致というカードは温存された。今後、何かあれば切るぞ」という暗黙のメッセージを送ることもできた。

しかし、年が改まって1996年になっても自民党は攻撃の手を緩めなかった。1年半余りのうちには衆院議員の任期が満了になり、今度は政権選択となる衆院選で新進党と激突することになるからだ。

政教分離法案と宗教基本法案

この年2月、自民党の加藤紘一幹事長は、「政教分離法案」を国会に提出する方針を表明した。同法案と並行して党のワーキングチームで議員立法の準備作業を進めてきた「宗教基本法案」は国会提出を見合わせるものの作業は進めることとした。

「政教分離法案」は宗教団体が国家権力に介入することを禁じることを目的とし、宗教団体が政党を組織することを禁止、「宗教基本法案」は、入信や寄付を断られた場合の再勧誘の禁止など活動を細かく制限するものだった。

これらの案に対しては憲法の20条「信教の自由」や21条「集会・結社・表現の自由」に

違反しかねないとの指摘が政府内にもあった。特に、政府は20条の政教分離規定について「宗教団体の政治活動を排除するものではない」という解釈に立っている。

　当時、内閣法制局が立法化に難色を示していたことから自民党は、議員立法を前提に衆院法制局などと協議を続けていた。立法化作業が創価学会、旧公明党勢力に対する牽制、攻撃が目的であることは明白だった。

　創価学会、旧公明党勢力に対する牽制、攻撃を自民党は機関紙『自由新報』でも繰り広げた。1996年1月2・9日合併号から「新進党=創価学会　ウオッチング」という連載を開始した。その目的は、タイトルにあからさまに表れているように旧公明党勢力が参加する新進党と創価学会は一体であるという「政教一致」攻撃だった。

　初回は編集部の「民主主義を脅かす〝政教一致〟」という見出しの導入的な記事だったが、その後は政治評論家の俵孝太郎氏とジャーナリストの内藤国夫氏が執筆した。俵氏は反創価学会の「四月会」代表幹事、内藤氏もメンバーで、かつて藤原氏らとともにその著作が出版妨害の対象とされていた。

　両氏の執筆は内藤氏が担当した2回目からで、公明党幹部は創価学会名誉会長の池田氏の「走狗《そうく》」であるという内容だが、週刊文春に連載中の矢野絢也元公明党委員長の手記が導入に使われている。この週刊誌からの引用という手法は多用された。

連載開始直後、元創価学会婦人部の女性が週刊新潮に発表した池田氏から性被害を受けたとする告発手記の内容を紹介、学会側が「事実無根」として女性の人格攻撃をしていると批判している。

見出しは「レイプ犯・大作・許すまじ」「闘女の告発に〝みえみえの虚言〟で対抗」。この「告発」はこの後も数回取り上げられているが、皮肉にも後に自民党と学会が再接近するにあたって大きな役割を果たすことになる。

国会内外での自民党による執拗な創価学会、旧公明党勢力への攻撃が奏功したのか、学会の選挙対応に変化が現れ、自民党も呼応するような対応を見せる。1996年3月の参院岐阜選挙区の補欠選挙で、自民党系候補と新進党公認候補が激突した際、学会は自主投票に回り、自民党は学会批判をトーンダウンさせた。結果、自民党系候補が大勝した。

さらに5月の岡山県倉敷市長選。同市は当時の首相の橋本龍太郎氏の地元で、自民党系候補と共産党系候補の争いとなり、新進党の一部議員が共産党系候補の支援をしていた。

新進党に加わっていなかった「公明」が自民党系候補を支持した。共産党と旧公明党勢力は敵対していたとは言え、中立ではなく明確に自民党と連携した意味は大きかった。この市長選でも自民党系候補が勝利した。

投票日前々日の5月17日、自民党の政調会長代理となっていた与謝野氏が政教分離法案について「憲法上難しい」と述べ、法案化作業はストップした。前述したように立法化について内閣法制局の協力が得られておらず、困難なことはわかり切っていた。

さらに第1章で述べたように、自民党の野中氏が創価学会元幹部の竹岡誠治氏から自公連携を提案されたのはこの頃である。学会、旧公明党攻撃が始まった1993年の臨時国会で質問に立った水野清衆院議員は、友人の政治評論家が前々年に池田氏と会食した際、「公明党は500万ちょっとの票で60議席がいいところで、だめだ。自民党公明派になって潜り込む」ということを言われたというエピソードを紹介している。

自民党の一部には将来的な連携の可能性が頭にあったということだ。自民党の動きは創価学会、旧公明党側の姿勢の変化を引き出すための威嚇《いかく》だった。つまり、本気で政治と宗教の関係を考えての立法作業ではなかったのだ。連立にあたって、かつて自分たちが作った政教分離法案は全く障害にならなかった。

国会は権力闘争の場でもある。質問や答弁で相手を攻撃することは当然ある。しかし、多数派が、さしたる必要性もなく、民間人を国会招致したり、憲法に触れかねないような法案づくりを行って提出、成立をちらつかせたりするのは別次元の話だ。この時の自民党によるこうした威嚇はもっと問題視されるべきものだった。

第7章
和解から連携へ

新進党の瓦解

この章では激しい対立の時期を経て、自公が和解、連携していく経緯を振り返る。今の自公関係に直接的につながる時期である。また、自公が連立政権を発足させ、２０００年の衆院選に当たって選挙協力体制を構築するのと並行するように、派閥連合政党と呼ばれていた自民党内で派閥の弱体化という質的な変化が起きていたことを明らかにする。それは日本政治が派閥連合である自民党の一党優位体制に代わり、自公ブロックという政党連合による優位体制に移行しつつあったことを物語っている。

非自民の細川連立政権時に始まった創価学会、公明党に対する自民党の執拗な攻撃は確実に効いていた。分党を経て一部が合流した新進党は結党時から党首選びで、小沢一郎幹事長とその盟友であった羽田孜元首相の対立が表面化するなど内部のあつれきも拡大。それは学会、旧公明党勢力にとって先行きに不安を抱かせるものだった。

そして１９９６年10月の衆院選が転機となった。自民党が過半数に迫る２３９議席を得たのに対して、新進党は４議席減の１５６議席にとどまったのだ。深刻な内部分裂を抱えた新進党にとって国政選挙での伸び悩みは完全敗北であった。

自民党を震撼《しんかん》させた前年の参院選に続き、この衆院選でも自民党と拮抗状態に持ち込むことで求心力の回復を狙っていた小沢氏ら新進党首脳部の思惑を打ち砕いた。新進党はこの後、亀裂をさらに拡大させ、離党者が続出した。

衆院選から2カ月後の年末には小沢氏の党運営に反発する羽田氏らが離党して、太陽党を結党した。羽田氏ら以外の離党者からは自民党に入党する者が相次ぎ、自民党は1997年9月、衆院の過半数を回復した。

新進党が分裂し、政権奪取から遠ざかれば、政権与党でありながら、手段を選ばない自民党と対峙し続けることになる。創価学会、旧公明党勢力からすれば選択肢は少なくなりつつあった。創価学会が「人物本位」という選挙支援に当たっての原則を強調するようになるのは、新進党一本で行くという選択肢がなくなったことを表していた。

11月、翌年の参院選までに新進党に合流する予定だった参院議員らでつくる「公明」の藤井富雄代表が、比例区は独自に戦う方針を明らかにした。これに対して小沢氏は既定方針通りの合流か、選挙区での立候補予定者も含めた分党を求めた。しかし、藤井、小沢両氏の話し合いは決着せず、12月18日の党首選投開票を迎え、再選された小沢氏は保守系の新党結成を目指して解党する方針を示し、新進党は3年余りで終焉を迎えた。

１９９６年の衆院選で新進党が伸び悩んだのは事実だが、この要因を自民党の創価学会、旧公明党勢力への攻撃だけに求めるのは誤りだ。見落とされがちだが、衆院選の直前に新党さきがけの鳩山由紀夫、菅直人両氏を中心に民主党が結成されている。

３００の小選挙区のうち１１５選挙区で新進党と民主党の候補者が立った。つまり、野党が分立していたのである。主戦場となる小選挙区で野党側がバラバラに候補者を立てれば、自民党を利する。なぜか指摘は少ないが、野党分立はこの時にもあったのだ。この時の教訓に学ばなかった結果が、２０１２年から10年以上続く多弱状態である。

唐突な和解

新進党解党を受けて自民党の創価学会、旧公明党勢力や再結成された公明党への対応は一変する。それは唐突な動きだった。１９９８年４月28日付の自民党機関紙『自由新報』が学会に対する謝罪記事を載せた。自由新報が１９９６年１月から翌年10月まで82回にわたって掲載した学会と公明党を批判する「シリーズ　新進党＝創価学会　ウォッチング」、特に池田大作名誉会長と元信者の争いに関する4つの記事だった。

創価学会が「全く虚偽であり、しかもおよそ品位を欠く表現で名誉会長の名誉と人権を著しく傷つける」などとする抗議書を送り、自民党が与謝野馨広報本部長名で「将来法律上の問題を引き起こしかねない部分が含まれていたことは否定できません」「調査不十分のまま一方の当事者の主張のみを採用し、まったく意図とは別に結果としてその虚偽をあたかも容認することになった点は不適切であり、申しわけなかった」と謝罪している。

唐突と表現したのは、内容もさることながら、抗議と謝罪の時期である。創価学会が自民党に抗議したのは最初の記事から2年後の1998年4月13日、さらに自民党が謝罪文の掲載を決めて学会に伝えているのはその4日後である。さらにご丁寧なことに謝罪記事の5倍ほどのスペースで加藤紘一幹事長宛の学会の抗議書全文を掲載している。

双方に和解が必要な事情が出てきて、行われた出来レースに見える。当時、自民党は衆院で過半数をなんとか回復していたが、参院は過半数を割り込んでいた。さらに新進党が解党して多くの勢力が、野党第一党になっていた民主党を軸に集約されつつあった。旧新進党の勢力を引き込んで新民主党が結成されたのは4月27日のことだ。

ただ、旧公明党勢力は民主党と距離を置いていた。民主党もなぜか旧公明党勢力や創価学会に接近しなかった。当時、民主党を取材していた私は新進党解党後、いち早く勢力結集に動いた当時の菅代表から党本部の廊下で、窓に指で描いた各党の分布図を使って、小選挙区制度の下で野党の一本化を図る意義を教えてもらったことがあったが、確かに旧公明党勢力は第三極に置かれていた。

第6章で問題の記事について「皮肉にも後に自民党と創価学会が再接近するにあたって大きな役割を果たすことになる」と指摘したが、謝罪記事で自民党と学会、旧公明党勢力の間の障害が明示的に取り除かれたのである。

これは自民党と創価学会が友好的な関係を築いて、公明党の路線に影響を与えていた過去の例とは違うが、両者の関係が対立から和解に変わったことが結果的に旧公明党勢力の行方を規定することになる。

第1章で詳しく見たように3カ月後の1998年7月の参院選で自民党は惨敗を喫し、再びねじれ国会となり、橋本龍太郎内閣の後を継いだ小渕恵三内閣で、自民党とこの年11

月に再結成された公明党は急接近、連立政権を樹立することになった。

陣笠の異議申し立て

公明党が自民、自由両党の連立に参加、問題を抱えながらも与党の選挙協力が船出する一方、自民党の内部では政権基盤を揺るがしかねない出来事が起きていた。２０００年の衆院選後の７月、当時の主流派だった橋本派の幹部と当選２回生との会合で、政権を取り仕切っていた野中広務幹事長を前に森喜朗首相批判が繰り広げられたのだ。

「森総理の軽率な発言でどれだけ票が逃げていったか」「選挙は敗北だ。責任をとって森総理には早く辞めていただきたい」

森氏の「日本は神の国」「無党派層は寝てて」などの度重なる失言で、衆院選では与党に逆風が吹き、苦戦を強いられた。その不満が爆発した形だ。野中氏は森首相誕生に深く関与し、「影の首相」と呼ばれていた。首相退陣を求める発言は、野中氏に対する間接的な批判でもあった。

この会合日程を把握し、取材していたのは当時、共同通信政治部で橋本派担当の私だった。私は親しい若手議員に会合の様子を教えてくれるよう事前に頼んでいた。会合が終わった後の連絡を想定していたのだが、その議員は親切心からかトイレで中座した時に、携帯電話で自分の発言を中心に途中経過を教えてくれた。

そうとは知らない私は、連絡を受けた後、「森首相を支える肝心要の橋本派で若手から批判が出るのは政権基盤のほころびを示唆するものだ」と判断し、「橋本派で首相批判」という記事を速報した。その直後、共同通信社の配信を受けたメディアの記者から「まだ会合が終わってませんが、記事は大丈夫ですか」と確認され、初めて途中経過だったことを知った。実況中継のような記事だったことも加わり、メディアの注目が集まった。

この会合は政権基盤のほころびだけではなく、派閥幹部が絶対的な権力を持つ、同派の変質も示唆していた。まだ「親分が、カラスは白いと言えば白。文句があるなら派閥を出てから言え」という橋本派前身の竹下派会長だった金丸信元副総裁が残した言葉が通用していた時代である。

かつて当選回数が少ない若手議員は、雑兵を意味する「陣笠《じんがさ》」と呼ばれ、「次の選挙で当選することが仕事」とされるなど頭数の存在としか見られていなかった。つまり、発言権などなかったのだ。そんな中での若手議員の異議申し立てだった。派閥が高い自律性を持ち、その合従連衡《がっしょうれんこう》が事実上の首相である総裁の座の行方を左右することから「派閥連合政党」と呼ばれた自民党の内部で派閥の在り方が変化していたのだ。

この会合が起点となって、自民党内で森首相退陣論が膨らみ始め、4カ月後の11月、野党の内閣不信任決議案に加藤元幹事長らが同調する動きを見せて森氏に辞任を迫った。いわゆる「加藤の乱」である。

この時、橋本派の2回生は再び、首相交代論を唱えている。選挙支援、資金援助、ポスト配分などをもとにした統制力で、「一致結束箱弁当」と称された田中派の系譜をひく橋本派でも「下からの異議申し立て」が珍しいことではなくなっていった。そして翌年3月、森首相の事実上の辞任表明である総裁選前倒しの提案に至る。

菅義偉氏の造反

若手議員に表れた橋本派の変質は選挙制度の変更に起因していた。初めて小選挙区制度が実施された1996年10月の衆院選で、橋本派の前身である小渕派は新人49人の4割超にあたる21人を取り込んだ。1992年12月に当時の竹下派から小沢氏らが率いる羽田派が独立したことで、最大派閥から転落していた同派が新人を大量に加入させることで、最大派閥復帰を図った。その新人が「初代・小選挙区世代」だった。

1選挙区から3～5人当選する中選挙区制度下では自民党は全体の過半数を確保するため、複数の候補を擁立する必要がある。理論上は定数3の選挙区では2人、定数5の選挙区では3人の候補者擁立が求められる。一方、自民党の候補に投票する支持者は一定なので、それをめぐって仲間内で奪い合いをすることになる。それは他党候補との競争より熾烈だった。

仲間内の競争は選挙中だけではない。有権者からすれば、ふだんそれぞれの議員が、地元のためにどれだけ仕事をしてくれたかが、支持の目安の一つになる。最たるものが公共事業など利益誘導だった。行政にまだ強い影響力を持っていない中堅、若手は派閥の幹部にお願いすることになる。ここにも派閥の出番があった。

党本部は公認候補を公平に扱わなければならない。同じ政党内で争う候補から見れば、党本部は自分への支援にはならない、つまり頼りにならない存在だ。同じ選挙区で自分だけを支援してくれるのは派閥ということになる。

派閥側にしてみても、来るべき総裁選に向けて自派の勢力を拡大するには、所属する候補を当選させなければならない。平時は地元への利益誘導をサポートし、選挙の際は資金や人手などの支援を行うことになる。時には公認されなかった保守系無所属候補を当選させて、選挙後に入党させるようなことも行った。

このため、派閥が資金、人手など選挙支援の前面に立つことになり、派閥への帰属が必須になる。しかし、1人しか当選しない小選挙区制度では、党が選挙支援の中心になり、必ずしも派閥への帰属は必要ではなくなる。

この派閥への帰属意識が希薄な初代・小選挙区世代の一人が菅義偉氏だった。菅氏は初当選から2年も経っていなかった1998年の総裁選で、当時外相だった小渕氏を担ぎ出そうとする小渕派の方針に反発して前官房長官の梶山静六氏を担ぎ出し、佐藤信二氏とともに派閥を離脱した。

梶山氏の出馬決意から3人での離脱までの経緯も興味深い。最初に梶山氏が決意したわけではなく、菅氏が派閥の会合で「梶山支持」を公言する一方、梶山氏を説得、「まな板の上のコイだ」という言葉を引き出した。当時、問題となり始めていた金融機関の不良債権処理をめぐり、梶山氏は独自の処理策を発表し、注目を集めていた。

菅氏は「この局面を乗り切れるのは先生しかいない」と説得した。梶山氏の意思に菅氏が従うのではなく、菅氏の強い要請に梶山氏が応じた形だった。

野中氏はこの際、当選1回の新人議員を集めた会合で、「菅だけは絶対許さない」と名前を挙げてポストで冷遇すると示唆し、追随を食い止めたが、派閥にとどまった菅氏の同期の間からは批判はほとんど聞かれなかった。むしろ、高く評価する声が聞かれた。同期が集まったある会食の席で、「地元の支持者の声は梶山先生だ。できれば自分も行動をともにしたかった」「派閥から多数派工作を指示されているが、サボっている」という発言を聞いている。

初当選直後から菅氏を取材していた私は、その動きを逐一追っていた。小規模ではあるが、総裁派閥の分裂となる梶山氏の総裁選出馬を速報している。ただ、それは新たな派閥を生み出す新陳代謝ではなく、派閥自体の弱体化の兆候であった。この頃、菅氏は小選挙区制度下で当選してきた自分たちを「小選挙区世代」と自称し、「派閥への忠誠心は紙より薄い」と冗談交じりに解説していた。小選挙区世代というワーディングは菅氏のオリジナルである。

それから四半世紀以上たった2024年、派閥のパーティー券の裏金問題をめぐり、菅氏は自民党政治刷新本部の最高顧問として「派閥解消」を求めたが、派閥を絶対視しない姿勢はこの頃から一貫していた。

派閥の原点は保守合同

自民党の派閥が弱体化した背景には、選挙制度の変更以外にも公明党と連立政権を樹立、さらに緊密な選挙協力を行うなど政党ブロック化したことがあった。それを説明するため少し歴史をさかのぼる。

派閥の源流は1955年11月の保守合同・自民党結党時にある。岸信介派、河野一郎派、三木武夫・松村謙三派、石橋湛山派、池田勇人派、佐藤栄作派、大野伴睦《おおのばんぼく》派、石井光次郎派の8つで、軍隊になぞらえて「八個師団」と呼ばれた。

派閥の重要性が強く認識されたのは保守合同翌年の1956年12月に行われた鳩山一郎

首相（初代総裁）の後継を選ぶ2回目の総裁選だった。この8カ月前に行われた初の総裁選は鳩山氏に対抗しうる有力者の緒方竹虎《おがたたけとら》総裁代行が直前に死去していたこともあり、立候補者が鳩山氏一人で、事実上の信任投票だった。

2回目の総裁選には、岸、石橋、石井の3氏が立候補した。第1回投票では、岸氏が223票と2位の石橋氏に72票差をつけたが、過半数に届かず、両氏による決選投票にもつれ込んだ。

決選投票では石橋氏が258票を獲得し、わずか7票差という劇的な逆転勝利を収めた。選挙直前、石橋、石井両陣営は決選投票を見据え、3位になった側が2位の候補の支援に回る「2、3位連合」で合意していたためだった。

合同前の保守政党では投票ではなく、後継指名や話し合いで党首を決めることが一般的で、数の力は決定要因の一つに過ぎなかった。しかし、この総裁選では、派閥の合従連衡による陣営の議員数の多寡が勝敗を決定したため派閥の重要性が強く認識され、台頭することになった。

この後、派閥は自己増殖を続け、党の正式機関以上の決定力を持つに従い、自民党は「派閥連合政党」と呼ばれることになる。また、ある政権が不祥事などで危機に陥った時、それまで対立していたり、イメージが大きく違っていたりする他派閥出身の首相に代えることで目先を変えて窮地を脱する疑似政権交代という危機回避策も備えた。

ただ、総裁選はあくまで自民党の党首を決める選挙で、公職選挙法の適用外であるため、この総裁選をきっかけに買収が横行し始めた。さらに多数を得るためには他派閥からの引き抜き、寝返りと同時に、衆参両院の国政選挙で自派の議員を誕生させることの方が確実であるため、選挙での自民党候補者同士の争いが激化した。選挙という「戦時」、さらにはその間の「平時」にもカネがかかるようになった。派閥は後に自民党の代名詞となる金権政治の温床ともなったのだ。

さらに時間の経過と状況の変化に伴って派閥はその在り方を変え続ける。この点については、自民党の総裁候補選びの基軸として、派閥の規模に加え「次の首相にふさわしい人」を尋ねるメディアの世論調査の数字が重要になってきたことを指摘した拙書『「次の首相」はこうして決まる』（講談社現代新書）でも詳述しているので、引用しながら先に進めたい。

保守合同から1980年代までの派閥の変遷をたどった井芹浩文《いせりひろふみ》氏（元共同通信社論説委

員長）の『派閥再編成　自民党政治の表と裏』（中公新書）によると、そもそも派閥は「総理総裁を目指す政治家」の周囲に集まった議員集団であり、「最高権力の座を獲得するための手段」だった。

前述の八個師団はこれに当てはまり、手段であるがゆえに、領袖が目的を達する、あるいは断念すれば消滅するものと考えられていた。しかし、1960年代に、自然解散や分裂で消滅した大野、石井、石橋の3派以外の5派が代替わりするにあたり、「すでに存在する派閥の所属議員が次の領袖を選ぶ」という現象が起きた。それを井芹氏は「領袖中心主義」から「派閥先行主義」への転換としている。

これは国会議員の世襲とその個人後援会の関係に酷似している。初代の議員の場合、個人後援会は当選するために作られたが、初代が引退、ないし死亡した段階では、先代の後援会がまずあり、これを存続させるために最もスムーズに移行しやすい候補として子や孫、配偶者を選ぶことになる。

なぜ派閥や後援会が存続を望むのか。派閥で言えば、他派閥からの切り崩しを防ぎ、ポストとカネの配分、選挙支援というさまざまなシステムを守るため、後援会で言えば、関係者への利益やサービスの誘導といったシステムを守るためだろう。

さらに1970年代にかけて代替わりなどが進み、三木武夫、田中角栄、大平正芳、福田赳夫、中曽根康弘各氏の5派閥がしのぎを削る「三角大福中」による派閥政治が絶頂期を迎えた。新陳代謝が進んだが、この頃までは領袖、派閥、いずれが先行しようとも、「自分たちの中から総裁をつくり出すための議員集団」という派閥の定義はあてはまっていた。この定義を変化させたのは元首相の田中氏だ。

田中支配と派閥の変貌

田中氏は佐藤派の有力者として佐藤内閣で大蔵大臣、自民党幹事長を歴任した後、通産大臣時代の1972年5月、佐藤派の81人を集めて、事実上の田中派を旗揚げし、7月の総裁選を制して首相の座に就いた。上京時の学歴が高等小学校卒の田中氏は「今太閤」「庶民宰相」と世論の支持も上々だった。

しかし、月刊誌『文藝春秋』上で金脈や女性問題が追及されたのをきっかけに1974年12月に退陣した。さらに1976年7月、ロッキード事件に絡んで東京地検特捜部に外国為替法違反の疑いで逮捕され、5億円の受託収賄罪で起訴された。田中氏は無罪と復権を目指して派閥拡大を図り、最大時、約140人にまで膨張させた。

その数を背景に大平氏、鈴木善幸氏、中曽根氏と他派閥の領袖らを担いで勝利させ、政権運営に直接的な影響を与えていった。いわゆる「田中支配」は1978年から始まり、1983年にロッキード事件の丸紅ルートの一審で懲役4年、追徴金5億円の有罪判決が出て陰りを見せたものの、1985年2月の竹下登大蔵大臣らの「創政会」旗揚げまで続いた。

田中氏からすれば、自らの首相再登板を視野に入れたものだったが、所属議員からすれば、自分たちの中からは総裁候補が出ないということは不条理だった。これに対してたまっていた不満が一気に表面化したのが、竹下擁立を目指す創政会旗揚げだった。

この時の同会中核メンバーの金丸幹事長と、田中氏の側近である二階堂進副総裁の短いやり取りが派閥とは何かを考える上で示唆に富む。『「次の首相」はこうして決まる』から引用する。

金丸「総裁候補を持たない派閥なんてありっこない」

二階堂「田中元首相あってこその田中派だ」

金丸氏にしてみれば、「田中復権」はあり得ず、総裁候補は竹下氏だった。二階堂氏がこの時点で田中氏の再登板をどこまで真剣に考えていたかは疑問だが、総裁候補は田中氏だと主張している。

井芹氏の分類を借りれば「派閥先行主義」と「領袖中心主義」の対立だが、自分たちの中から総裁をつくり出す議員集団が派閥、という定義だけは、共有されている。

金丸、二階堂両氏のこうした基本的認識とは別に、田中支配は長く続きすぎていた。数の力を背景に、他派閥の領袖や幹部を総裁=首相の座に就け、背後から強い影響力を及ぼすという歪んだ支配手法が定着してしまっていた。

当時の取材をもとに朝日新聞政治部がまとめた『田中支配』(朝日新聞社)は次のように記している。

「田中支配とは、直接には、自民党内で政権の命運を決定的に左右するもの、とみられてきた」「しかし、……たんに政権の存亡にかかわるだけのことではない。より日常的な政治支配力として定着してきている」「保守の政治構造のなかで、一つの機能を分かちもつものといって過言ではない」「膨張した田中派は、それを背景に、人事や予算・補助金配分への関与、さらに政官界を通じての人脈操作などで、日常の政治をも動かしている。国の政策形成や決定過程、その実施段階でも同じことである。そうした支配力が、党内外で構造化してきたともいえよう」

総裁選という「有事」を戦い抜くためのものだった派閥が人事や予算、人脈を介して自民党政権の構造の一つとなり、日常的な政治をほしいままにしていたとの指摘だ。中央・地方、政財官を問わず、さまざまな陳情を行う人々が、東京都文京区目白台にある刑事被告人で自民党を離党していた田中氏の邸宅を、早朝から列をなして訪れる「目白詣で」が当たり前のこととして受け入れられていたのはその証左だろう。

このような状況を背景に、「総裁候補を出さないことこそが強さ」とさえ指摘されるようになった。その強さゆえに田中派は「派閥の中の派閥」と呼ばれた。田中支配を境に、派閥観はコペルニクス的転回を遂げたと言っても過言ではないだろう。結果、「二重権力」

や「闇将軍」といった派閥本来の意味とは相いれないはずの言葉が、派閥を想起させるようになった。

残った二重権力

田中支配はじめ派閥による政権運営が自民党政治の中で構造化されるとともに、派閥自体の組織化も進んでいた。井芹氏の『派閥再編成』によると、1983年1月、田中派が「事務総長」を新設、田中氏側近の小沢辰男氏が就いて以後、1980年代中盤までに事務総長が各派閥に設けられるようになった。田中派が事務総長を設けた理由は所属議員が100人を超え、組織整備をしなければ統率できなくなっていたこと、膨張に伴って陳情処理などの活動が増大したことにあった。

派閥は「領袖を総裁に押し上げること」に加えて「派閥を安定的に存続させること」が目的になった。いわば「準政党化」が始まっていたのだ。

井芹氏は『派閥再編成』の中で、1986年秋、当時の首相である中曽根氏の総裁任期延長が取りざたされた際、田中、宮沢、安倍、中曽根、河本各派の事務総長が協議し、党則改正による「任期1年延長」で合意し、党内の駆け引きを収束させたケースを挙げ、次のように説明している。

自民党党則八五条は「総裁の任期は二年とする。ただし重任を妨げない」となっていたが、八五条に第二項を新設し「総裁の任期は前項本文の規定にかかわらず、党大会に代わる両院議員総会で党所属国会議員の三分の二以上の多数による議決により、一年以内の期間を定め延長することができる」との改正を行なった。自民党内には「各派実務者がどういう資格と権限で党則改正を議論したり、党則改正案を決められるのか」との異論もあった。しかし、自民党派閥体制の中にあっては、五大派閥の全部が参加したということが大きい。本来なら党則改正など党運営の基幹に係わる問題は、党の正式機関である党基本問題運営調査会や党則改正委員会などで討議するのが筋のはずだ。そうした問題まで派閥代表で話し合い、決めてしまうことになれば、党の正式機関のほうの論議は形式的なものに過ぎなくなる。ここにも自民党の運営が党機関によってでなく派閥によってつき動かされる《派閥主義》が進行していることをうかがわせる。

派閥は、領袖が総裁選を勝ち抜くためのものから派閥の存続自体が目的化し、ついには党の正式なシステムを凌駕する役割も果たすに至ったのだ。井芹氏は、派閥が自民党の運営に影響を与えることを派閥主義と呼び、懸念を示している。

1985年の、後の竹下派となる創政会の旗揚げで田中支配は完全に終わりを告げた。しかし、数の力を背景に他派閥出身の首相の政権をコントロールするという支配は残った。竹下氏は、中曽根氏の後継者として1987年11月に首相に就任したが、翌年6月、朝日新聞の報道で、政界有力者やその関係者にリクルートコスモス未公開株が譲渡されていたことが発覚し、年末には宮沢喜一大蔵大臣が株譲渡問題で辞任。1989年6月、自身の秘書にも譲渡されていたことなどの責任をとって竹下氏は退陣した。

しかし、竹下派は、後継の宇野宗佑、海部俊樹、宮沢喜一各内閣に強い影響力を行使し続けた。竹下氏が集団指導体制をとったため「竹下支配」ではなく「竹下派支配」と称されたが、二重権力という構造自体は田中支配と相似していた。

1992年12月にはその竹下派が分裂、小沢、羽田両氏が羽田派を立ち上げ、翌年6月には離党し、新生党を結成した。1993年7月の衆院選で、自民党が過半数割れにとどまると、小沢氏は日本新党の細川護熙氏を担いで社会党などとの非自民連立政権を樹立、自民党を野党に転落させた。「準政党化」していた自民党の一派閥内の抗争から新派閥、さらには本当の政党が生まれ、政界全体を巻き込む抗争に発展したのだった。

第6章で詳しく触れたが、この後、自民党は社会党の村山富市委員長を担いで新党さきがけとの3党連立政権を樹立して政権復帰。1996年1月には村山氏が退陣、自民党の橋本氏が後を継ぎ、2年半ぶりの自民党出身首相による政権となった。

その後、自民党単独政権となるが1998年6月の参院選で自民党は惨敗した。再度の政権転落を回避したい自民党は安定的な政権運営を求めて小沢氏率いる自由党、さらには公明党との連立政権を発足させた。

第1章で見たように自自公連立政権を推進した野中氏は、2000年6月の衆院選を乗り切るため、また、公明党との関係を強固にするため相互支援にまで踏み込んだ選挙協力を推し進め、自公の政党ブロックが出来上がった。

この間、初めて小選挙区制度が実施された1996年10月の衆院選で菅氏ら「初代・小選挙区世代」が自民党内に大量に生まれた。その一方で、「派閥の中の派閥」であった田中派の系譜を引き、主流派の座にあった橋本派（旧小渕派）でも弱体化が始まっていた。

派閥連合から政党連合へ

自民党の正式なシステムを凌駕するほどになった派閥を弱体化させたのは小選挙区制度の導入が要因であると説明したが、党運営に対する派閥の影響力も低下した。かつてのように一つの派閥が、あるいは派閥の総意が自民党の政治方針を決定するというようなことはなくなった。その要因は公明党との連立のスタートである。

自民党と公明党による連立政権の政策調整システムは時代によって変化するが、政策を最終決定する与党政策責任者会議（与責）、国会対策の基本方針を決める幹事長・国会対策委員長会談（二幹二国）に大別される。さらに上のレベルは党首会談であり、事実上、与責と二幹二国が政策や国会対策方針の最終決定の場である。

最終決定の場で話がまとまらない事態は政権運営を不安定にする。このため与責の前段階、両党内での政策決定はお互いを意識しながら進められる。また、高度な政治判断を伴うケースは別途、両党の首脳間で非公式の調整がなされる。

国会対策で基本方針しか決めないのは、野党がどう対応してくるかに左右されるためだが、具体的対応は両党の国会対策委員長からなる与党国会対策会議（与国）で決めていく。

このように連立政権では政策や国会対策で与党間の足並みをそろえることが最優先される。自民党単独政権下で見られた特定の派閥、あるいは派閥の総意が党や政権の行方を事実上、左右するようなことは不可能になったのだ。２０１２年から２０２０年まで続いた安倍政権は「安倍一強」などと称されたが、その言葉の通り、派閥が党、政権を凌駕するようなことはなかった。

さらに１９９６年衆院選からの小選挙区制度実施が「小選挙区世代」を生み、選挙分野における派閥の影響力低下に拍車をかけ、２０００年衆院選からの相互支援を柱とする自公の選挙協力がそれを決定的なものにした。

１選挙区から３〜５人を選ぶ中選挙区制度では自民党公認候補による同士討ちとなるため、党本部ではなく派閥の支援が決定的だった。しかし、１人しか選ばれない小選挙区制度下では党本部が支援の前面に出ることになる。

そこに公明党との選挙協力が加わった。自公選挙協力では小選挙区の候補者一本化と相互支援にとどまらず、小選挙区では主に公明党が自民党の候補を支援、比例代表選挙では自民党候補が公明党への投票を呼び掛けるバーターが行われている。自民党候補に対する公明党の支援は平均して2万票程度と見られている。

自公の選挙協力は1999年の連立発足時の合意事項に入っており、候補者調整までは公的なものだ。これに対して、相互支援のバーターは協力を推し進めた野中氏が提唱して浸透した方法で、選挙区ごとの対応だが、野党時代も行われておりすっかり定着している。

自民党候補にしてみれば、まず党本部の、そして公明党の支援が重要になってくる。そして公明党の支持母体は創価学会であり、候補者単位でも地域の学会との関係ができている。相対的に派閥の位置づけは低くなる。2000年代、自民党内で派閥に所属しない「無派閥」議員が増え続けたのは、当選するために派閥の支援が必ずしも必要ではなくなっていたことを表しているのだろう。

自由党と民主党という、派閥を内包した保守政党の合流で生まれた自民党。その後、議員数がモノを言う総裁選を重ねることで派閥が急激に台頭、派閥連合政党と化して一党優位の55年体制を築いた。その中で派閥は準政党化し、政権が行き詰まり、危機に陥ると他派閥の首相に代える疑似政権交代も奏功した。しかし、党勢が衰えるとともに選挙制度も変わり、一党だけで安定的に政権を維持することもできなくなる中で、連立政権さらに緊密な選挙協力体制を築いた。

政権をともにするだけではなく緊密な選挙協力体制を基盤とする関係である政党ブロックは政党連合と呼んでもいいだろう。派閥連合から政党連合へ。政権維持システムを移行させることで自民党は与党として生き延びている。派閥パーティーの裏金事件を受けて2024年1月、岸田文雄首相が岸田派の解散を表明し、麻生派を除く他の派閥もこれに続いた。自民党政治の転換点と指摘されたが、すでに派閥の重要度は全盛期とは比べ物にならないほど低下しており、解散は実態を追認したものとも言えるかもしれない。

第8章

野党ブロックで政権奪還

風雪に耐えた連立

選挙協力を基軸とした自民党と公明党の政党ブロックを語る上で、最も重要なのは両党が野党だった時期である。この章では、その野党時代を振り返る。

繰り返しになるが、自民党と公明党の関係を表す際に必ずといっていいほど使われるのが「連立内閣」、あるいは「連立政権」という言葉である。「はじめに」でも触れた自公連立政権発足から20年を迎えるにあたって2019年10月4日夜、当時首相だった安倍晋三氏が首相官邸で記者団に述べたコメントを詳しく紹介したい。

平成の政治、そして令和の政治に安定を与えた。同時に野党時代も経験したが、お互いに苦しいときも協力しあって政権を奪還した。まさに風雪に耐えた連立政権だ。お互いのよさをいかし補完し合っていく、まさに「ビューティフル・ハーモニー」だ。

メディアはビューティフル・ハーモニーという言葉に飛びつき、記事の見出しにもなった。批判も含めて注目を集める言葉で、広めたい認識の拡散を図る安倍氏のメディア戦略を象徴するコメントだった。「野党時代も経験したが」と言及しているが、「風雪に耐えた連立政権」という言葉で総括しており、全体の文脈では「自公＝連立政権」という固定観念をさらに強化する発言だった。

仮に両党が相互に支援し合う、鉄壁とも言える選挙協力を構築、維持していなければ安倍氏が誇ったような「安定」はなかっただろう。「苦しいときも協力しあって」という表現はあるが、選挙協力という具体的な言葉はない。しかし、一貫していた関係は選挙協力なのである。

なぜ、安倍氏に限らず、自公について連立内閣、連立政権という言葉を使うのか。まず、公明党が結成された1964年から1999年まで与野党に分かれ、激しく対立もしていた自民党と公明党が内閣をともにするということの衝撃が大きかった。さらにそれ以後、自公が政権与党である期間が続き、それが当たり前になってしまっているためだろう。

メディアの習性もそれを強化したと思われる。メディアは「政権監視」役を自負するとともに「わかりやすさ」、そして「面白さ」を求める。組閣風景や内部のあつれきなど絵（映像）になりやすかったり、興味を引きやすかったりする要素が伴っている。政権、内閣という枠組みに目が向きがちになる。

しかし、第1章でも述べたが、連立政権、連立内閣という枠組みだけでは四半世紀に及ぶ自公関係を説明することはできない。ほとんどの期間は政権与党の座にいたが、2009年から3年間あまりの野党時代は当然のことながらその座を手放していた。この野党時代もかろうじて続いた自公関係は国会対応と選挙協力である。紆余曲折はあったが、野党としての連携を続けたのだ。

メディアは政権与党を「主役」、野党を「脇役」扱いするためこの時期の自公がどのような関係にあったかは見過ごされがちだが、権力という接着剤をなくして連携解消の危機に瀕しながらも、ぎりぎり関係を維持、再構築した。そして衆院選で勝利し、政権を取り戻した。連立政権からスタートした自公関係はこの時点で、新たな段階に入ったと言える。

本来、自民党と公明党の関係を考える上で極めて重要な時期であるのにもかかわらず、メディアの習性から、今やほとんど顧みられることのない「野党自公」時代を詳しく振り返ってみたい。

歴史的惨敗

自公が野党だったのは2009年9月から2012年12月までの3年3カ月である。国会対応では当初、公明党が、2009年度補正予算案や、民主党政権の目玉政策だった子ども手当法案や高校無償化法案に賛成するなど、瞬間的には民公連携に踏み切ろうとしたことがあった。しかし、それは国会対応にとどまった。国政選挙に際しては中立に回ることもあったが、基本的に自民党との連携を完全に崩すことはなかった。

その間の自公関係は大きく分けると3期に分けられる。

最初は、公明党が、1999年以来の自民党との連携関係を「白紙」に戻した期間、次は自民党との関係を最小限維持しながらも民主党との連携や第三極化などを模索した紆余曲折の期間、最後が自民党との連携関係を徐々に修復、さらに政権奪還のため2012年の衆院選に向けて選挙協力を復活させつつ、ともに衆院解散を迫る期間である。

主に公明党の姿勢を軸にした分け方になるが、「白紙」「紆余曲折」「自公回帰」の3つの期間である。野党時代の自民党は一貫して公明党との連携を求めていた。

２００９年８月30日、第45回衆院選が投開票された。鳩山由紀夫代表率いる民主党が単独過半数（２４１議席）を大きく上回る３０８議席を獲得して大勝、自民党は１１９議席と公示前勢力の３分の１余に激減する歴史的な惨敗を喫した。１９５５年の結党以来、自民党は初めて第一党の座を明け渡し、野党に転落した。

敗因は、参院で過半数を失う「ねじれ国会」による政権運営の不安定化だった。５年ほどの長期政権を築いた小泉純一郎氏の後に首相の座を継いだ安倍氏は教育基本法改正、防衛庁の省昇格関連法成立など「戦後レジームからの脱却」に取り組んだが、当時の行政改革担当大臣だった佐田《さた》玄一郎《げんいちろう》氏が虚偽の政治資金収支報告書を提出していたとして大臣を辞めたのを皮切りに、失言などで閣僚が次々に辞任。公的年金記録不備問題なども重なり２００７年７月末の参院選で惨敗、ねじれ国会に陥った。安倍氏は続投したものの９月に退陣した。

後継の福田康夫首相は民主党の小沢一郎代表に大連立を要請したが、民主党は拒否。政府提示の人事案が不同意となったり、新テロ対策特別措置法案が否決されたりするなど政権の弱体化を狙う民主党の攻勢にあい、決められない政治に苦しんだ。その後を継いだ麻生太郎首相は世界金融危機で衆院解散のタイミングを見失い、2009年8月に追い込まれる形で衆院選を迎え惨敗、政権を奪われた。

総選挙で、野党が単独で過半数を得る本格的な政権交代は戦後初だった。政権交代可能な二大政党制を目指して衆院に小選挙区制度を中心とする比例代表制度との並立制が導入されてから15年目のことだった。首相の麻生氏は開票途中の8月30日夜、メディアのインタビューに対し、「国民の声を真摯に受け止め、反省の上に立って、出直さなければならない」と責任をとって辞任する意向を表明した。

1993年から翌年にかけての非自民の細川護煕連立政権時代も自民党は野党だったが、2000議席を超える規模を維持し、第一党であり続けた。2009年の政権交代は自民党にとって「本格野党」の幕開けだった。

公明党も公示前勢力の31議席から10減の21議席に落ち込んだ。全体的には自民党ほどではなかったが、小選挙区の議席をすべて失った。自民党の自滅のあおりを食らった形だった。代表の太田昭宏氏は大勢が判明した31日未明、その後の自民党との関係について「野党連立はない」と否定した。この方針は後に修正されるのだが、それほど公明党が受けた衝撃は大きかった。この時の与党の敗北ぶりは、自公選挙協力の本当の実力を推しはかる上で現在でも参考になる。当時の報道をもとに少し詳しく見てみたい。

自公は2000年衆院選から、小選挙区では公明党が自民党候補を支援し、比例代表では自民党が公明党への投票を呼び掛けるバーター型の選挙協力を行っていた。その結果、2000年、03年、05年の衆院選で、自民党は小選挙区で得票数を約2494万票から約3251万票に、得票率も40%から47%に順調に伸ばし続けていた。公明党も比例代表での得票数を約776万票から約898万票に、得票率も12%から13%に増やしていた。

選挙協力して臨む4回目の2009年衆院選時の定数は480議席、うち小選挙区は300、比例代表は180という議席構成だった。308議席を獲得した民主党に対して自民党119、公明党21議席、定数に対する割合でみると民主党が64%を占め、自民党24%、公明党4%。自公をどう足し上げても全く歯が立たない一方的な勝負だった。

選挙制度別にみると民主党は、勝利を最大化する小選挙区で221議席と定数の73%、各党の得票数を反映する比例代表でも87議席で定数の48%と5割近い議席を占有した。

党勢の実態を表す得票数と得票率を見てみる。自民党は主戦場の小選挙区で前回の20

05年衆院選から約521万票減の約2730万票、割合では9ポイント減らし38％にとどまった。公明党も重視する比例代表の得票数は、前回から約93万票減の約805万票、割合も2ポイント落とし11％となった。

この時の投票率（小選挙区）は69・28％。前回の67・51％より1・77ポイント高く、小選挙区比例代表並立制が導入された1996年以降の5回では過去最高だった。投票率が上がる中での両党の得票数と得票率の減少は、自公の緊密な選挙協力も絶対的なものではないことを表している。

自民支持層の心変わり

2005年衆院選までの自公の好調さは選挙協力によるものである。その限界がうかがえるのが2009年8月31日付の朝日新聞朝刊に掲載された次の記事である。

今回総選挙で民主党が圧勝した最大の原因は、自民支持層の心変わりである。比例区も選挙区も、3割が民主党に投票していた。自民党政権を支えてきた人たちが「こんどは民主党にやらせてみようじゃないか」という思いになったということである。

朝日新聞社が30日に全国で実施した出口調査によると、自民党圧勝の05年総選挙に比べ、投票者に占める自民支持層の割合は41％から37％に減り、民主支持層は20％から25％に増えた。ただでさえ差が詰まった両党の支持層の投票行動の中身を見ると、「これでは自民が勝てないはずだ」という数字が出た。

両党支持層と無党派層の比例区での投票行動を05年と比べると、…自民支持層のうち自民に投票したのはわずか54％で、30％が民主に投票した。選挙区でも同じ傾向だった。

一方、民主支持層は84％が民主に投票し、自民に流れたのはわずかに2％。無党派層も自民に15％、民主に53％と大差がついた。自民、民主がほぼ同じだった05年に比べ、大きな様変わりである。


そもそも離反者が続出して自民党支持層が縮小、とどまった層からも民主党に投票する人々が続出していたということだ。まさに「自民党支持者の心変わり」である。この心変わりをうかがわせる選挙結果からの分析もある。同日の夕刊の朝日新聞の記事からの引用する。

大都市も地方も民主に雪崩――。全国を①大都市（東京23区と政令指定都市）②指定市以外の市③町村に3分類して比例区での得票率を比べると、民主は大都市と市だけでなく、これまで歯が立たなかった町村部でも自民を上回った。都市規模にかかわらず、追い風が吹き荒れていた様子がうかがえる。

民主は今回、町村で有効投票の41％を獲得した。03年は33％、05年は31％だったが、いずれも上回った。民主党は「地方で弱い」と指摘されてきたが、「定説」は覆った。

もちろん大都市でも強さを発揮し、得票率は42％。小泉純一郎元首相率いる自民に票を奪われた05年はもちろん、03年の40％と比べてもさらに上積みしていた。

一方、自民の得票率は、大都市が24％、市27％、町村30％で、前回より8～14ポイント減らした。都市部も地方も自民に背を向けた形だ。

自民党支持層の心変わりが都市部と地方での得票の変化からも明確になる。この心変わりが公明党からの支援分を超えると選挙協力の成果が議席に結びつかなくなる。自民党の候補は、小選挙区での当選が危うくなってくると比例代表での復活当選に望みをかけざるを得なくなり、「比例代表は公明党へ」という呼びかけをする余裕がなくなるという選挙協力の無力化、崩壊という負のスパイラルに入ったと思われる。

自公連携は白紙に

公明党は比例区も解散前の23議席を維持できなかった。小選挙区でも代表の太田、幹事長の北側一雄両氏らが比例重複せずに立候補した8小選挙区では全敗した。過去最低の25議席を下回る21議席となるなど自民党同様、歴史的な敗北だった。

「野党連立はない」と断言した代表の太田氏は敗因を「弱者に目配りした対策を打ってきたが十分でないという批判、指摘があった」と述べ、公明党らしさが発揮できなかったと分析した。

辞任した太田氏に代わり、新代表に参院議員の山口那津男氏が就いた。山口氏は9月12日、千葉市での地方議員との会合で「自民党との選挙協力はあってしかるべきというものではない。今回の総選挙敗北を受けて自らの足腰を再建していくことが最優先だ」と述べ、来夏の参院選に向けて選挙協力のあり方を根本的に見直す意向を示した。

さらに公明党は、9月16日に行われた首相指名選挙では自民党の首相候補ではなく、自党の山口氏に投票した。自民党で新総裁選出が間に合わず、若林正俊《わかばやしまさとし》両院議員総会長に投票することになったのも一因だが、首相候補を統一して指名選挙にあたるという関係が白紙になった格好だった。

10月初めの全国県代表協議会では北側氏の後に幹事長を継いだ井上義久氏が自公選挙協力について「白紙の状態」と明言、選挙総括でも自民党との選挙協力の行方に触れなかった。さらに同月25日の参院神奈川、静岡両県補選で自主投票に回った。首班指名選挙のみならず、国政選挙でもいったん自公関係は白紙化されたのだ。両補選とも自民党の公認候補が民主党の公認候補に敗れた。

小選挙区撤退論

衆院選で惨敗し、公明党が野党になったことを受け、創価学会内では衆院小選挙区からの撤退論が浮上した。それは自民党との相互支援も行う選挙協力を根本的に見直すことを意味する。前出の中野潤氏は『創価学会・公明党の研究　自公連立政権の内在論理』で、衆院選直後の2009年9月、東京・信濃町の学会施設に全国13方面の責任者が集まった「方面長会議」で出された意見を紹介している。

「もはや自民党と一体となって選挙を戦うことにはならない。公明党単独では小選挙区で勝てない以上、小選挙区での議席確保にこだわっても仕方がない」

「比例区に特化すれば、より効率的に議席が確保できる。今回も小選挙区に注入した力を比例に振り向ければ比例の議席はもっと取れた」

そもそも公明党の支持母体である創価学会の会員が公明党ではなく自民党の候補者を支援することに矛盾が伴っていた。これによって自民党の候補者が「比例代表では公明党と書いて下さい」と支持者に訴えるバーターが成り立つのだが、先述したように、自民支持層に大規模な心変わりが起きたこの衆院選ではバーターが成り立たなかった。さらに、この時点では自民党が党勢を回復できるか見通せなかった。小選挙区からの撤退論が出てくるのも不思議ではなかった。

『創価学会・公明党の研究』によると、方面長会議では関西方面などの責任者から「小選挙区から撤退したらジリ貧になる。比例区だけでは政党としての存在感を示すことができない」「小選挙区で戦ってこそ、比例票の上積みが可能だ」「（公明党では行っていない）小選挙区と比例の重複立候補をさせることで比例票を伸ばすべきだ」などの反対意見も出され、結論は先送りされたという。さらに中野氏は次のように公明党、創価学会の置かれている難しい状況を説明している。

公明党は自らの力だけでは小選挙区で勝ち抜けない以上、小選挙区では二大政党のどちらか一方と全面的に協力して戦うしかない。それでも、小選挙区で当選させるのには多大な労力が必要になる上、この時のように協力相手とともに野党に転落してしまえば、今度は与党になった敵対政党から攻撃され、池田の国会招致や学会に対する税務調査の強化といったしっぺ返しを受ける恐れが高まる。民主党政権が誕生したからといって今度は民主党に近付いても、民主党が今後、衆院選を何度も勝ち抜いて長期政権になるとの見通しが持てない以上、民主党との全面協力には踏み切れない。そうであれば、小選挙区から撤退し、比例で一定議席を確保した上で、二大政党の狭間で政権に対して是々非々の立場で臨むしかないとの意見が、この時期、学会本部の幹部たちの間に広がっていた。

創価学会内で小選挙区撤退論が出たという話を聞いた私は選挙協力を推し進めていた野中広務氏が「公明党は独自政策を実現できればいい。いずれ衆院から撤退するだろう」と述べていたことを思い出した。衆院からの全面撤退と小選挙区だけの部分撤退の違いはあるが、いずれ公明党と学会が直面することになる事態を予見していたことに驚いた。

民主失速と自公回帰

翌年1月、公明党は、民主党の幹事長となっていた小沢一郎氏と新進党時代に「一・一ライン」を築いた市川雄一元書記長を常任顧問に復帰させた。代表の山口氏は記者会見で民主党との連携を目指した人事ではないと強調したが、民主党中枢とのパイプの再構築であることは明らかだった。

2月26日夜には創価学会の秋谷栄之助前会長と谷川佳樹事務総長が民主党の小沢氏と輿石東《こしいしあずま》参院議員会長と会談した。公明党抜きの政権中枢と学会首脳との直接的な意思疎通は民主党政権でも共通していた。

公明党、創価学会と民主党の接近は国会でも具体化した。1月に成立した2009年度第二次補正予算に賛成したのを皮切りに、3月に成立した子ども手当法、高校無償化法など民主党政権の目玉政策に公明党が一部修正した上で賛成した。公明党は自民党と自由党の連立政権に参加する前、新しい日米防衛協力のための指針（新ガイドライン）関連法や国旗・国歌法、通信傍受法など他の野党が強く反対する政策に賛成している。

民主党との間には明確な合意はないものの事実上の部分連合状態だった。新聞には「まるで民公連立」（『朝日新聞』2010年3月10日付朝刊）という見出しまで登場した。

公明党、創価学会が民主党との連携を模索し始めると党内や学会内部から反発が起きた。現場で選挙を戦ってきた相手と手を組むことには強い抵抗があったのだ。同時に早くも民主党政権の失速が始まった。

2010年1月15日、小沢氏の資金管理団体の土地購入問題について東京地検特捜部が政治資金規正法違反（虚偽記載）容疑で元私設秘書の衆院議員を逮捕した。その後、小沢氏本人について東京地検特捜部は嫌疑不十分で不起訴としたが、4月に検察審査会が「起訴相当」と議決するなど政権首脳の「政治とカネ」の問題がくすぶり続けた。創価学会は婦人部を中心に「政治とカネ」の問題については敏感で、民主党への嫌悪感が強まることになった。

問題は安全保障をめぐっても引き起こされた。米軍普天間飛行場（沖縄県宜野湾市）の移設問題について「最低でも県外」としていた当時の首相である鳩山氏が、反発する米国との交渉を進めることができず、5月末、日米両政府が移設先を沖縄県名護市周辺とする共同声明を発表。閣議で署名を拒否した社民党党首で消費者行政担当相だった福島瑞穂氏を罷免し、社民党が連立政権を離脱するに至った。

重要な案件をめぐる不用意な発言と迷走、政権運営のつまずきのみならず、県外移設を断念した鳩山氏がその理由について「学べば学ぶほど（海兵隊の各部隊が）連携し抑止力を維持していることが分かった」と述べたことが世論の大きな失望を呼ぶことになった。

6月2日、鳩山氏は「政治とカネ」の問題を抱える小沢氏を道づれにする形で辞任、後継に菅直人氏が就いた。当初、世論の反応は悪くなかったが、自民党提案の10％を参考とする消費税増税を含む税制改革案をまとめる考えを、政権内で十分に根回ししないまま表明した。

世論の反発を受けると菅氏の発言がぶれた。鳩山前首相の米軍普天間飛行場移設をめぐる迷走と重なり、7月の参院選では民主党が44議席と改選前から10議席減らす大敗を喫し、非改選を含めて与党が過半数を失って「ねじれ国会」状態となった。少し前まで自分たちが自民党政権を追い込んでいたねじれに今度は自分たちが苦しめられることになったのだ。

自公はこの参院選で、選挙区すみ分けや地域ごとの協力は容認するなど最低限の選挙協力を行った。前年10月の参院神奈川、静岡両補選で公明党が自主投票に回り、白紙状態となっていた国政選挙での協力が一部復活、自民党は改選前から13議席増の51議席を獲得した。

続いて10月24日に投開票された衆院北海道5区補選でも、自民党は公明党、創価学会の支援を受け、自公関係がさらに強化された。

ねじれ国会で政権運営が困難になることは必至だったため、民主党政権は参院でキャスティングボートを握る公明党の協力取り付けに乗り出した。首相の菅氏は9月、創価学会の池田名誉会長が設立した東京富士美術館を訪問し、特別展を鑑賞。さらに臨時国会の代表質問への答弁で、「協力いただければたいへんありがたい」と秋波を送った。

さらに官房長官の仙谷由人氏が公明党幹事長の井上氏と連絡をとり、補正予算案についての公明党の要求を大幅に受け入れて政策協議設定にいったんはこぎつけた。仙谷氏としては補正予算案以外の政策に関しても協議を積み重ね、部分連合、さらには閣外協力に発展させる狙いがあった。

しかし、秘密裏に進めるはずだったこの政策協議が読売新聞のスクープで表ざたになり、公明党内で反対論が噴き出し、頓挫した。そもそも菅、仙谷両氏が公明党や創価学会との関係を構築するには障害が大きかった。野党時代、反創価学会の宗教団体の支持を得るために結成された「宗教と政治を考える会」の会長は仙谷氏、菅氏は最高顧問だった。仙谷氏は学会と対立関係にあった公明党元委員長の矢野絢也氏の子息を秘書にしていた。学会から敵視されていた二人が急に接近を図っても簡単に受け入れられる話ではなかったのだ。

野党乱立と低投票率

翌2011年3月11日には東日本大震災が発生、東京電力福島第一原発事故も引き起こされ、官僚組織とのあつれきを抱えていた菅氏は円滑な対応をすることができず、実態以上に稚拙《ちせつ》な印象を国民に与えた。

菅氏の消費税増税を含む税制改革には小沢氏らから反発が出て、党内にあつれきが拡大しつつあった。政権基盤が脆弱になった菅氏は8月に退陣を表明した。後継の野田佳彦氏は、税制改革案を了承し、党内対立は決定的となった。

民主党の迷走を受けて創価学会では自民党と選挙協力して政権奪還を目指すべきだという声が強まっていた。中野氏の『創価学会・公明党の研究』によると、2011年7月25日から4日間、東京・信濃町の学会関連施設で行われた最高協議会で、「次期衆院選では前回敗北した関東・関西の八選挙区に新たに北海道一〇区も加えた九選挙区で公明党の公認候補を擁立すること、▼小選挙区で議席を確保するためには自民党と選挙協力するしか方法がないこと」などを確認したという。

首相の野田氏は、自民、公明両党と税制改革で協議し、2012年6月に3党で消費増税を柱とした社会保障と税の一体改革法案の修正で合意、26日、衆院本会議で可決された。小沢氏ら57人が反対し、その後、小沢氏ら民主党の一部は集団離党した。8月8日には一体改革法案成立と引き換える形で、野田首相が「近いうちに信を問う」と自民、公明両党首に表明した。

『創価学会・公明党の研究』によると、民主党政権が混乱する中の2012年7月に開かれた創価学会の最高協議会で、副会長の佐藤浩氏から、次期衆院選では9つの小選挙区で候補者を擁立し、自民党との選挙協力を基本に勝利を目指す方針が説明された。一方で、自民党候補への推薦を絞る考えも示されたが、全体としては自公の選挙協力で政権を目指すという大方針が内定した形だった。

野田氏による税制改革が結果的に、自公両党の連立内閣樹立を前提とした選挙協力へと促すことになった。9月22日の公明党大会後の記者会見で、山口代表は衆院選での選挙協力について「自民党との関係が自然だ」と明言した。

その直後には自民党総裁選で安倍氏が選出され、11月14日には野田氏が国会の党首討論で衆院の定数削減などを条件に2日後の衆院解散を表明した。その後、自民党幹事長の石破茂氏が、公明党幹事長の井上氏と会談し、連立政権を組むことを確認した。

12月16日に行われた衆院選に際して、公明党は最高協議会で示された方針通り、自民党候補への推薦を80程度減らして２００人余りに抑えた。しかし、公示前１１８議席だった自民党は２９４議席にまで伸長、公明党も10議席増の31議席を獲得した。分裂で２３０議席に落ち込んでいた民主党はさらに57議席に沈んだ。一方、第三極の日本維新の会が11議席から民主党に迫る54議席に躍進、みんなの党も８議席から18議席に倍増、野党はその後、長く続く多弱状態に入った。

自公が完全に復調したように見えるが、実態は野党の乱立で共倒れを起こし、自民党が漁夫の利を得た形だった。２０１２年12月17日付の朝日新聞夕刊によると、３００選挙区のうち、第三極が自民、民主と争ったのは２０３選挙区。このほか自民推薦の無所属や公明、民主推薦の国民新党と争ったところが５選挙区あった。

第三極の３党すべてが候補を立てた「５党対決型」は12選挙区あり、自民党が全勝、いずれか２党が立てた「４党対決型」の69選挙区のうち自民党は62勝で勝率90％、いずれか

1党が立てた「3党対決型」の127選挙区では自民党は97勝して勝率76％だった。第三極が乱立するほど、自民の「勝率」が上がっており、多弱がいかに公明党の支援を受けた自民党を利するかが浮き彫りになる。

自公が政権を失った2009年衆院選と同様、得票数、得票率で見てみると自公の完全復調とは言えない実態がより鮮明になる。2012年衆院選の投票率は59・32％と急落したため、自民党の小選挙区の得票率は約4ポイント増で43％に回復しているが、得票数は2009年より約165万票減の約2564万票にとどまった。2000年以降、2番目の少なさだった。有権者全体に対する絶対得票率で見ると24％と2000年以来最低だった。

公明党も同様で、比例代表の得票率は11％台で若干回復しているが、得票数は約93万票減の711万票と2000年以降で最低を記録した。自公両党が、主戦場で得票数を回復しきれず、野党の分立と低投票率に助けられている状態はこれ以降の2014年、17年、21年の衆院選も一貫して続いている。

2012年以降の国政選挙を連勝した安倍氏は自民党の党勢が完全には復調していない

ことを強く認識していたと思われる。２０１４年、２０１７年の衆院解散は野党の準備が整わないうちの「今のうち解散」であった。私は２０１４年の衆院解散の後、雑誌への寄稿でその経緯を分析し、自民党政権がかつてのように万全ではないことが野党に準備の時間を与えない「今のうち解散」へと駆り立てる要因であると結論付けた上で次のような懸念を示した。

「２０００年代の日本政治は、一定期間は強者だが、中長期的には弱者である首相が、陰りゆく力を損切り、あるいは回復するためにプレビシットに頼る——という構造を持っている」「選挙に勝利して立法府の権力を必要以上に強化しようとするのは、権力者による恣意的な国民投票を意味する『プレビシット』に近づく可能性がある」「かつてヨーロッパでは王政復活などに用いられ、ヒトラーの独裁体制もこれによって正当化されたことを思い起こすべきだ」

「弱者によるプレビシット」が結果的に独裁的な体制を招く可能性を指摘したのだが、２０１７年の衆院解散もやはり小池百合子東京都知事が立ち上げつつあった希望の党の機先を制する形で行われた。民主党の流れをくむ民進党が分裂し、同党代表代行の枝野幸男氏が立憲民主党を立ち上げるなどして野党は乱立した。自民党は284議席を獲得、2012年以来、3回連続の大勝を収め、「安倍一強」状態が強化された。

2021年の衆院選は任期が差し迫っていたが、それでも首相に就任したばかりの岸田文雄氏は衆院解散を急ぎ、投開票までの期間短縮を図り、261議席を獲得し、勝利を手にした。当時の幹事長だった甘利明氏が小選挙区で敗れるという波乱もあったが、野党第一党の立憲民主党が公示前より13議席も減らして96議席にとどまった。自民党が10年弱の間に4回行われた衆院選での連続大勝記録を伸ばした形だった。

終章

なぜ自創は手を組めるのか

融通無碍が自民党の本質

ここまで60年以上にわたる自民党と創価学会、公明党のかかわりの歴史を振り返ってきた。自民党と学会の関係は公明党の結党前にさかのぼることができ、それは具体的な政治課題をめぐる現職の首相と学会トップの関係であったことを確認した。このような歴史的事実を踏まえると、自公が単なる政党同士の関係とは違うものであることが理解しやすくなる。「自公」より長い時間軸で「自創」関係があるのだ。

最後になるこの章では、自公による連立政権、政党ブロックが長く続くもう一つの要因を見ていきたい。それはあらゆる状況にいかようにでも対応してしまう自民党の体質である。それは融通無碍という言葉そのものである。この体質こそが自公関係の基層にある長い自創関係を可能にしたものだ。

自公の関係性は、その時々のそれぞれの事情に応じてさまざまな形を見せるが、理解しやすくするために大きく5期に分けてみる。まず与野党に分かれながらも水面下で貸し借り関係を続けていた時期だ。そして言論出版妨害事件を受けて創価学会、公明党が他の野党との合併構想など試行錯誤を重ねた時期が続く。ここまでは与野党関係が明確だったが、この後、それぞれの立場は流動的になる。

分裂含みの自民党の権力闘争にかかわったり、自民党と国会運営で連携したりした時期を経て、公明党が自民党を飛び出した勢力とともに非自民連立を樹立したことで与野党の立場が入れ替わり、激しく対立する時期を迎える。そして現在にも連なる連立政権を発足させ、選挙協力も堅持し続ける時期が続いている。

自民党が与党にいる期間が長いため、公明党の立ち位置が変化しているように見える。一方の自民党は与党で居続けたが、そのために見せた融通無碍さは尋常ではない。言論出版妨害事件では池田大作会長の証人喚問問題で創価学会、公明党を側面支援し、助け舟を出すほど融和的だったが、公明党が非自民連立政権入りし、完全に敵対すると今度は自民党側から池田氏の参考人招致を持ち出し、激しく揺さぶりをかけている。

側面支援することで知った相手の最大の弱点を敵対時に攻撃材料に使った形だ。創価学会、公明党にしてみれば池田氏の国会招致を回避するには第一党で居続ける自民党と一緒にいなければならないことになる。そして自民党にとって重要なのは公明党が、自分たちに対して融和的なのか敵対的なのかという点である。

自民党の融通無碍ぶりは結党時からの伝統である。1955年11月15日に民主党と自由党が合流して自民党を旗揚げした際、総裁を1人に絞ることができず、民主党の鳩山一郎首相、三木武吉総務会長、自由党の緒方竹虎総裁、大野伴睦総務会長の4人が総裁代行に就いた。

「初代総裁は鳩山、次は緒方」という民主党の提案に対して自由党が総裁選の実施を強く求め、決着できなかったのだ。いずれ、総裁選は行わなければならなかったため、「(翌年の)桜の花が咲く頃に行う」というあいまい極まりない取り決めで決着させた。

行政権の行使について、内閣が国会に対し、連帯して責任を負うものとされる議院内閣制では国会の多数派が首相を選出する。逆に言えば現職の首相は多数派のトップであるはずなので、この時は自民党総裁を兼務するのが妥当だった。それまでの保守政党が往々にしてトップを決めないことが多かったという背景もあり、自民党は理屈よりも折り合いをつけるという現実対応を優先した。

総裁選は翌年4月に行われることになったが、最有力のライバルであった緒方氏が1月に急死していたため、鳩山氏が初代総裁となった。鳩山氏が首相であることに変わりはなかったため、当初、総裁が不在だったことは忘れられがちだが、政権維持という現実を最優先する自民党の融通無碍ぶりを象徴する出来事だった。

首相指名分裂でも党割れず

自民党は権力闘争の結果、事実上は分裂をしながらも、最終的には手を握るという歴史も持っている。これを振り返ることは自公連立政権が長く続く要因を理解する手助けになるだろう。

自民党の融通無碍が究極的に表れたのが、第5章でふれた1979年11月6日に行われた衆院での首相指名選挙とその後の経緯である。この首相指名選挙には自民党から大平正芳首相と福田赳夫前首相の2人が名乗りを上げるという異例の事態となった。

この約1カ月前の衆院選で自民党は過半数を割り込む敗北を喫した。これが「四十日抗争」と呼ばれる異例事態の発端だった。福田氏ら反主流派が大平氏の首相辞任を強く要求したが、盟友の田中角栄元首相に支えられた大平氏は拒否した。

このため、反主流派は福田氏を首相候補とする「自民党をよくする会」を結成してそのまま首相指名選挙に突入した結果、候補者が2人となってしまったのだ。票が二つに割れて、1回目の投票で誰も過半数を制することができなかったため、保守合同以来、初の決選投票となり、大平氏が勝利。四十日抗争は収束した。

この間の自民党内の権力闘争が激しかった上、総裁ポストをめぐる大平、福田両氏による密約が履行されなかったなど劇的な要素も背景にあったため、そのいきさつにスポットがあてられるが、融通無碍という自民党の本質を考える上で重要なのはこの後の動きである。

同じ政党にいながら首相指名選挙で別々の人物に投票するということは本来、決裂を意味する。今回の場合、大平、福田両氏にそれぞれ投票した勢力が同じ政党に居続けるのは論理的には矛盾している。しかし、自民党は首相指名選挙の後も分裂することはなく、元のさやに収まっている。

理由は簡単だ。党を割ると、いずれも単独で過半数を維持することができず、首相選出に野党の介入を許す保守合同前の状況に逆戻りしてしまい、場合によってはいずれかが野党に転落する危険性が出てくるからだ。しかし、そうであるならばもともと首相指名選挙に自民党から2人も名乗りを上げるような事態は未然に防ぐべきだった。

自民党は状況によってはトップを決めないというあり方を選ぶだけではなく、事情によっては首相指名選挙でも候補者を一本化せず、決選投票でも別々に戦いながらも、分裂はしないという集団なのだ。政党ではあるが、本来のあり方からはかなりかけ離れている。

ただ、これを自民党自体の求心力の強さと見るのは間違いだ。いったん野党に転落すると離党者が続出するからだ。つまり求心力の源は首相、内閣、政権与党という政治権力にあり、それを保持するために自民党の求心力が高まるという構図だ。自民党が「与党でいることが目的」と評されるゆえんである。

分裂回避のための分離

さらに自民党の権力闘争が分裂含みになると、闘争の対象となる最高権力ポストを総理大臣と党総裁を分け合う「総・総分離」が模索されるようになる。前述した首相指名選挙での分裂を事前に回避するための奇策だ。

見方によっては、権力を分立させる民主的なあり方のようにも見えなくもないが、国会の多数派が首相を選出するのであるから多数派のトップと首相が別人であるのはやはり矛盾している。仮に総裁が首相以上の政治力を持っている場合、総裁が首相をコントロールするという二重権力が生まれる可能性もある。

過去に実現寸前までいったのは1982年10月、退陣を表明した首相の鈴木善幸氏の後継選びの時。鈴木、田中、中曽根各派からなる主流派は話し合いで中曽根康弘氏の選出をめざしたが、非主流派の福田、河本、中川の各派は受け入れなかった。結局、調整がつかず、中曽根、河本敏夫、安倍晋太郎、中川一郎の4氏が総裁選に立候補した。

調整を続けた最終段階で浮上したのが「中曽根総理・福田総裁」の分離論だった。河本氏ら3候補は容認したが、中曽根氏が拒み、実現しなかった。総裁選は元首相の田中氏の支援を受けた中曽根氏が大勝した。

実現には至らなかったが、4候補者のうち3人が受け入れたことは自民党が奇策を受け入れる素地を持っていることを浮き彫りにしている。総裁不在、首相指名選挙での分裂はいずれも党内の権力闘争を収束させることができず、議院内閣制下での政党本来のあり方からはかけ離れた決着をしたケースである。そんなことを経験してきた政党からすれば、総・総分離はそれほど突飛な案ではなかったのかもしれない。

総・総分離は形を変えて実現する。1994年6月、非自民連立政権である羽田孜首相の後継を選ぶ首相指名選挙で、自民党は、敵対していた連立政権を離脱した社会党の村山富市委員長に投票することになった。

当時、自民党は200議席を超え、社会党はその3分の1程度だった。本来であれば比較第一党の自民党から首相を出すのが筋だが、過半数は制していなかった。このため、自民党は首相ポストと引き換えに直前まで敵対していた社会党を引き込む判断をしたのだ。

本来の総・総分離論は自民党から首相を出しているケースでの分離だが、この時は比較第一党である自民党の総裁が首相ポストを他党の党首に譲るという分離だった。この時も自民党は政権復帰という現実的な利益を優先したのだ。

この頃、私は共同通信政治部で新米記者のポストである総理番だった。村山氏が首相指名選挙で指名を受けた日はその担当で、衆院本会議場を出てきた後、「総理」と声をかけながら、その隣に位置取った。国会内、官邸内を歩きながら自衛隊と憲法の関係をどうするのかなどの質問をしていた。自衛隊を合憲と認め、日米安保を堅持するという、社会党の基本政策を変更することになる村山氏の答えはすべて速報され、新聞各社、各テレビ局が大きく扱った。

社会党の委員長を、敵対してきた自民党が首相に擁立するという現実を目の前に見ていながら、事態の大きさに圧倒され、どう認識すればいいのかわからなかったが、自民党の融通無碍さだけは頭に刻み込まれていた。

長い間、与野党に分かれて対峙していた自民党と社会党が連立政権を樹立したことから、野合批判を浴びたが、政権保持を最優先する自民党からしてみれば、判断を変えるほどの価値は持たなかった。

この5年後、紆余曲折を経て自民党と公明党は連立政権を発足させ、翌年の衆院選に際して全面的な選挙協力体制を築くことになるが、これまで見てきたように水面下での気脈、国会での連携、表立っての敵対と和解という複雑な関係を経てきた自民党と創価学会、公明党の長い関係が基底にあったのは間違いないだろう。

自公連立、選挙協力を推進した当時の首相の小渕恵三氏、野中広務氏の後も官邸、自民党と創価学会の関係は当事者とポストを変えながら維持された。ポストが変遷するのは双方が肩書などの形式ではなく、実態として実権を握っているか否かを重視しているためだろう。

小泉純一郎政権では首相の最側近で、大物秘書官だった飯島勲氏と創価学会の顧問弁護士で有力者の八尋頼雄氏、野党から政権復帰した安倍政権以降では当時の官房長官だった菅義偉氏と副会長の佐藤浩氏とのパイプが機能した。

公明党と創価学会の関係について「法制局の発言・答弁が一気に変われば、『政教一致』（という解釈）が出てきてもおかしくない」と発言するなど一定の距離があるように見える飯島氏は、長年の知人だった公明党参院議員の草川昭三氏の紹介で、八尋氏と知り合い、関係ができたという。

草川氏は元石川島播磨重工業労組幹部で創価学会員ではなかったが、公明党からの要請で衆院旧愛知2区から立候補、当選した。国会対策委員長などを務め、他党の中枢部にも幅広く深い人脈を持っていたことから公明党のみならず学会の信任も厚かった。野中氏も記者時代の私たちにたびたび草川氏を高く評価する発言をしていた。

小泉氏は首相当時の２００２年９月に南アフリカで開催された環境開発サミットに出席した際、学会の国際組織「創価学会インタナショナル」（ＳＧＩ）の展示ブースを訪問し、池田氏が撮影した写真を鑑賞した。さらに11月、出席した公明党大会であいさつし、この写真に触れ「強く印象に残ったきれいな写真がありました」と称賛してみせた。これを仕掛けたのが飯島氏である。

私が首相補佐官を務めた菅氏は官房長官時代から選挙を仕切っていた佐藤氏との関係を深め、そのまま首相になった。首相就任前からの学会とのパイプを持ち上がった佐藤栄作元首相と同じパターンである。菅氏は佐藤浩氏と選挙のみならず、集団的自衛権の一部行使容認など公明党が受け入れる上で慎重な議論が必要な政策をめぐっても意思疎通を図っていた。これも佐藤元首相時代にも見られた構図である。

ただ、やや違ったのは首相就任後である。私は両者の意思疎通はより緊密になると見ていた。しかし、菅氏は就任後ほどなく猛威を振るった新型コロナ対策に忙殺された。また、菅氏が早期の衆院解散を全く考えていなかったこともあり、相対的にだが関係は希薄になっているように見えた。

他方、首相補佐官時代に私は、新型コロナ対策の緊急事態宣言の最中に銀座のクラブを訪れた公明党の衆院議員について、学会内では議員辞職不可避の情勢になっていることを記者時代から旧知の学会関係者から伝えられ、当時、同様の行動が問題視されていた自民党の衆院議員への対応に生かすことができたということもあった。

首相官邸や自民党の首脳、つまり政権中枢と創価学会幹部の接触は、意図的にリークされたり、事後的に事実が確認されたりして、その時々、あたかも特別な出来事が起きたかのようにメディアをざわつかせてきた。

本書の冒頭で触れた池田名誉会長の死去を受けた当時の岸田首相の弔問は公表が前提なだけに同時進行形で明らかになったが、やはり政界、メディア界に驚きと波紋を広げた。しかし、その関係は60年以上前の佐藤―池田の関係の相似形であり、公明党を含めた3者の基本構図に変わりはない。

おわりに

自民党と創価学会、公明党の関係をたどっていると、浮かび上がってくる問いがある。

「もしも野中広務氏がいなかったら両党は連立政権をつくり、緊密な選挙協力を行っていただろうか」

もちろん、歴史に「もしも」はない。野中氏の能力を見抜いて、官房長官に就けたのは小渕恵三首相であり、「もしも小渕氏がいなかったら……」という問いも成り立つ。小渕氏と関係の深かった創価学会会長の秋谷栄之助氏についても「もしも秋谷氏がいなかったら……」という仮定も可能で、きりがなくなってしまう。

しかし、実務者として連立政権をつくり、選挙協力を進めた野中氏の姿を間近に見た者としてはついそう考えてしまう。そして「野中氏がいなかったら、自公連立までは実現できても、鉄壁の選挙協力まではたどりつけなかったのではないか」などと結論づけてしまう。

野合、変節、無節操……。罵詈雑言《ばりぞうごん》に近い批判を浴びながらも野中氏は「政権を安定的に運営するには、これしかない」と思い定め、突き進んでいた。野中氏以外の人物が同じ目的に向かって邁進する姿が想像できないのだ。

それはやはり、お互いを強く批判し合っていた自民党と公明党が一転して連立政権を組むということに、論理的な説明がつきにくかったからだろう。説明して理解されなければ批判を受けることになる。野中氏は政権を取り巻く厳しい現実を克服することを優先した。自公連立政権や選挙協力について世論の十分な理解を得た上でことを進めるという段取りでは遅すぎる、という判断だろう。

この世がデーモンに支配されていること。そして政治にタッチする人間、すなわち手段としての権力と暴力性とに関係をもった者は悪魔の力と契約を結ぶものであること。さらに善からは善のみが、悪からは悪のみが生まれるというのは、人間の行為にとって決して真実ではなく、しばしばその逆が真実であること。これらのことは古代のキリスト教徒でも非常によく知っていた。これが見抜けないような人間は、政治のイロハもわきまえない未熟児である。

ドイツの政治学者、マックス・ウェーバーの講演録『職業としての政治』の一節だ。ウェーバーは、世界はデーモンに支配されているのだから手段は選ばなくていいという権謀術数を説いているわけではない。人間の行いにおいては往々にして善から悪が生まれ、悪から善が生まれる、つまりこの世は簡単に善悪で割り切れるようなものではない。そんな多義的で複雑な人間社会を直視しながら政治に当たれと言っている。であるがゆえに、政治にかかわる人間は「悪魔の力と契約を結ぶ」覚悟を持たなければならないと。

自公による連立政権、政党ブロックをつくった野中氏のことを振り返る時、この一節がよみがえってくる。２０００年6月までに野中氏が主導してつくった緊密な選挙協力体制は選挙を経るごとに拡充され、下野した後は、「白紙」となったが、再構築され、政権を奪還した。今なお自公連立政権に対する批判は少なくないが、政権を維持し続けている。

野中氏と小渕氏が目の前の現実に対応しようとつくりあげた体制が、この約25年間、変わらずに存続、機能し続けたのだ。２０１０年代からは、創価学会を巨大宗教団体に育て上げ、公明党を結成し、影響力を行使し続けた池田大作名誉会長が表舞台から去り、２０２３年には死去した。しかし、学会は「ポスト池田」体制を築いてきており、死去の影響は最小限に食い止められているという。また、小選挙区と比例代表にまたがる相互支援を軸とする選挙協力を繰り返した結果、一種の融合状態が起きており、よほどの状況の変化がない限り、自公ブロックは崩れないだろう。

ただ、現場で選挙活動を行う創価学会員の中には自民党の候補者を支持することに疑問を感じている人々も現れており、特に安倍政権が集団的自衛権の限定的行使を容認して以後、さまざまな声が上がっている。そこでは、学会員の政党支持の自由が問題になってくるのではないか。仮にその声が大きくなって学会、公明党の自民党離れが起きた場合、引き留めるために学会への利益供与が行われないかは見極める必要がある。場合によっては、自公が一緒になる時よりも自公の結束が緩んだ時の「政教」問題の方が深刻なのではないか。

この四半世紀のことを、自公ブロック優位の「99年体制」と呼ぶことができるのではないかと第1章で述べた。それに代わる体制をつくりあげることができないでいる現在の野党も結果的にその体制を支えている。善悪で単純に割り切れるものではない。

約70年前の1955年11月、自由、民主両党による保守合同で自由民主党が生まれた。自由党の緒方竹虎総裁の同意を得て、敵対関係にあった同党の大野伴睦総務会長に直談判し、鳩山一郎首相の盟友としてそれを推し進めたのは民主党の三木武吉総務会長だった。三木氏と鳩山氏らがつくった自由民主党は、「10年は続く」との三木氏の予想を大きく超えて38年続き、「55年体制」と位置付けられた。当初を除き、衆院選で過半数を超える候補者を擁立せず、他の野党との政党ブロックも構築できなかった野党第一党の社会党が、やはり結果的に自民党一党優位の55年体制を支えた。これもまた、善悪で割り切れるものではない。

保守合同以来、一時期を除いて自民党、自公ブロックが政権を担い続けている。55年体制、99年体制を可能にしている要因の一つは、終章で見たように政権保持を至上命令とする自民党の融通無碍さだった。それは時に無節操と言っていいほどの一貫性のなさだった。

日本の野党が自民党、創価学会、公明党の関係から学ぶべきものは多い。無節操や一貫性のなさを真似ろとは言わない。理念、政策の一致は政党間関係の一部にすぎず、それ以外の善悪では割り切れない要素が大きな影響を持つことを3者の関係から汲み取るべきだ。

少なくとも緊密な選挙協力を軸とした政党ブロックが自公関係の本質であり、そして小選挙区、比例代表にまたがる相互支援は現在の選挙制度に適合した形であること、それをなさしめたのは創価学会を含めたそれぞれの関係の多面性と長さにあったことは強く認識しなければならない。

自民党の派閥の政治資金パーティーの裏金事件を見るまでもなく政党、政治家が自分たちで完全に不正を止めることは難しく、立件された後も真相を明らかにし、抜本的な改善策をとることは不可能に近い。その結果、自民党は、これまで「情報交換の場」「議員の教育機関」などと存在意義を唱えて存続させてきた派閥の解消に、一部を除き追い込まれることになった。

私事になるが、共同通信社政治部時代の私は後輩とともに、清和会が２００４年にも全く同じ構図の不正を行っていたことを報道した。東京新聞はじめ加盟紙の１面に掲載される記事となった。

「パーティー収入　裏金化か　割り当て超す販売　若手議員に還元」

これが2005年3月10日付の静岡新聞朝刊の1面トップに掲載された記事の見出しである。今と全く同じ不正がなされていたのである。

記事は、2004年の日歯連から橋本派への1億円献金隠し事件を受けて前年9月から進めていた森、橋本両派の政治資金収支報告書の不正についての調査報道の一つだった。

森派をめぐっては「議員に配った数億円　森派　明細不記載か　98―03年の収支報告書」（『静岡新聞』2005年1月23日付朝刊）などの記事も配信している。

今回の事件と酷似しているのは「パーティー収入」の記事だが、議員への還元の方法も詳述している。

「関係者の証言などによると、昨年（2004年）四月に開催したパーティーの場合、会長の森喜朗前首相ら森派幹部が都内ホテルの一室に若手議員を呼び、一二百万円のいわゆる『氷代』とともに、パーティー券の販売数に応じて上乗せしたカネを手渡した」

「パーティー分支給が数百万円に上った議員もいたが、ゼロの議員もいたという。関係者は『パーティー券のキックバックは慣例』としている。こうした資金の受領を記載せずに二〇〇四年の収支報告書を既に提出した議員もいる」

「森派の事務局は共同通信の取材に『昨年も派閥から所属議員に配った金はない。議員が受け取った金は党から派閥を経由した「政策活動費」で、政治資金収支報告書に記載する必要がない。パーティー収入を議員に渡すこともしていない。すべて適正に処理している』と否定している」

構図だけではなく「キックバック」「政策活動費」など当事者が使う言葉まで現在と全く同じだ。

今回の事件を受けた国会審議で、当時の記事がパネルで映し出されると誇らしさを感じると同時に虚しさも抱いた。1年間にもわたって報道したにもかかわらず、自民党はやめるどころか他派閥にも拡大していたからだ。

結局、告発を受けて東京地検特捜部が立件することで、自民党も重い腰を上げることになった。しかし、捜査を待たなければ自分たちが犯している罪を自分たちで明らかにし、対応策をとることができないというのでは政治の敗北である。

当時の国会審議で岸田文雄首相は政治資金規正法について厳格な改正を求める野党など

に対して「政治活動の自由」を盾に反論したが、小学生でも教わるように自由には責任が伴う。本当に政治活動の自由を守るのであれば、与野党対立に陥る前に派閥の裏金問題について自分たちの手で実態を解明し、政治活動の自由を侵さない範囲での改善策を示すべきだった。政治活動の自由を脅かしてしまっているのは他ならぬ自分たちだ。

しかし、政治は政権与党だけで成り立っているわけではなく、また与党だけでは自浄作用、自己修正・改革機能が働かない。「身を正さなければ政権を失う」という危機感を与党に持たせることができる野党の存在が必要なのだ。しかし、国会などでの不正追及だけでは危機感を持たせることはできない。結局、選挙で与党を敗北させることである。

そして与野党攻防の最終決着地は衆院選である。衆院は首相を選出し、内閣不信任決議案を提出できる。その構成を決める衆院選は政権選択選挙だ。その衆院選で自公ブロックを相手に政権を本格的に争う手は多くはない。最も効果的なのは公明党を政党ブロックから離脱させることだ。しかし、これを外部から実現させることは不可能に近い。これまで見てきたように自公は簡単には切っても切れない関係にあるからだ。

次は野党側が勝利を最大化させる選挙協力を行うことだ。自公のようなレベルから選挙区調整だけまで差はあるが、試行錯誤してできるだけ高いレベルを目指すしかない。

立憲民主党、共産党などは、有識者や市民団体でつくる市民連合とを媒介として選挙での協力体制を築いて、衆参両院選に臨み、一定の成果を上げたが、政権交代を視野に入れるには至っていない。

野党第2党の日本維新の会が参加していない上、共産党と共闘することに対して自民党支持層などの保守層だけではなく、立憲民主党を支持してきた連合からも反発が強い。これまでと同じ方法を続けるだけでは、自公に代わる政党ブロックを築くことにはならないだろう。

元大阪府知事の橋下徹氏が、総選挙の前の「野党間予備選挙」を提唱している。同じ選挙区に立候補を予定している野党候補同士が予備選挙で決着をつけて、勝ち残った候補者が本番の衆院選で与党候補との一騎打ちに臨むという案だ。

自公の「選挙前連合」と決定的に違うのは、連立政権樹立など選挙後の連携については合意しないという点だ。与党に批判的な有権者が支持、不支持に関係なく優勢な野党候補に票を投じる「戦略的投票」を政党側が行うということだ。

立憲民主党と日本維新の会、国民民主党の間で政治方針に違いが大きく、野党間予備選挙案への支持は広がらず、現実的に取り入れる可能性も少ない。そうであれば、野党は具体的に選挙にどう臨んで、自公ブロックを突き崩すのかを有権者に示す必要がある。

理念、政策の一致だけを軸にすれば選挙区調整さえおぼつかないレベルにとどまることは必至だ。一致できないから別々の党でいるのに無理に一致させようとしたら話は壊れる。この堂々巡りを野党は繰り返してきた。政権交代を有権者に訴えながら、それを阻むような戦い方をこれ以上、続けるのは無責任である。自公が政党ブロックで99年体制を築く中、野党は万年野党に甘んじ、55年体制を生きることになる。

そこから脱するには、長いトップ同士の個人的な関係や権力闘争をめぐる貸し借りなど、理念、政策以外の政治的要素を最大限活用するしかない。それらは善悪では割り切れないものであるため、その作業は「悪魔の力」との契約を必要とすることになるだろう。

この場合の悪魔の力とは政治的な目標を達成する時に往々にして生じる矛盾、必要悪に、対する世論の批判に耐える力ということになる。過去の言動と少しでも矛盾があると、ネット上で袋叩きにあう時代である。しかし、国民にとって善き政策を実現するため政治権力を握るには「悪魔の力」と契約を結ぶ覚悟が必要なのだ。その覚悟を野党に、そして自民党、公明党の次の時代を担う若い世代にも持ってほしい。そして有権者には、誰がその覚悟を持つ政治家なのか見極めてほしい。それが、そんな覚悟を持っていたであろう政治家をそばで見させてもらった私がこの本を書いた動機である。

参考文献

『神戸新聞』／2000年6月13日付朝刊
中北浩爾『自公政権とは何か 「連立」にみる強さの正体』ちくま新書、2019年
河崎曽一郎『選挙協力と無党派』NHK出版、2007年
野中広務『野中広務全回顧録 老兵は死なず』文春文庫、2005年
竹岡誠治『サンロータスの旅人』天櫻社、2010年
御厨貴、牧原出編『聞き書 野中広務回顧録』岩波書店、2012年
『聖教新聞』／1958年3月21日付
薬師寺克行『公明党 創価学会と50年の軌跡』中公新書、2016年
戸田城聖『戸田城聖先生講演集』創価学会、1961年
『聖教新聞』／1954年1月1日付
西山茂『近現代日本の法華運動』春秋社、2016年
『聖教新聞』／1955年4月3日付

中野潤『創価学会・公明党の研究　自公連立政権の内在論理』岩波書店、2016年
佐藤栄作『佐藤榮作日記』朝日新聞社、1998年
江藤俊介、七里和乗『自民党・創価学会・公明党　国民不在の連立政権・秘史』学習の友社、2003年
『朝日年鑑　1965年版』朝日新聞社、1965年
『聖教新聞』／1997年10月5日付
楠田實『楠田實日記　佐藤栄作総理首席秘書官の二〇〇〇日』和田純、五百旗頭真編、中央公論新社、2001年
『朝日新聞』／1998年8月26〜29日、9月2、3、9〜12、17、18日付朝刊
藤原弘達『創価学会を斬る』日新報道出版部、1969年
矢野絢也『「黒い手帖」裁判全記録』講談社、2009年
中村菊男、高橋正則編著『西村栄一伝　激動の生涯』富士社会教育センター、1980年
松本清張『作家の手帖』文藝春秋、1981年
山下文男『共・創会談記』新日本出版社、1980年

『朝日新聞』／1975年7月27日付朝刊
『聖教新聞』／1975年7月29日付
馬場周一郎『蘭は幽山にあり　元自民党副総裁二階堂進聞書』西日本新聞社、1998年
平野貞夫『公明党・創価学会の野望』講談社＋α文庫、2008年
『自由新報』／1996年1月2・9日合併号
『自由新報』／1998年4月28日付
柿崎明二『「次の首相」はこうして決まる』講談社現代新書、2008年
井芹浩文『派閥再編成　自民党政治の表と裏』中公新書、1988年
朝日新聞政治部『田中支配』朝日新聞社、1985年
『朝日新聞』／2009年8月31日付朝刊、夕刊
『朝日新聞』／2010年3月10日付朝刊
『朝日新聞』／2012年12月17日付夕刊
柿崎明二「『弱者のプレビシット』でなく地道な熟議のために」／『世界』864号、2015年1月、岩波書店

渡辺恒雄『自民党と派閥　政治の密室　増補最新版』実業之日本社、2024年
マックス・ヴェーバー『職業としての政治』岩波文庫、1980年
『静岡新聞』／2005年3月10日付朝刊
『静岡新聞』／2005年1月23日付朝刊

柿崎明二［かきざき・めいじ］

1961年、秋田県生まれ。早稲田大学第一文学部卒業後、毎日新聞社を経て共同通信社に入社。政治部で首相官邸、外務省、旧厚生省、自民党、民主党、社民党などを担当した。政治部次長、論説委員兼編集委員、菅義偉内閣首相補佐官などを経て2022年より帝京大学法学部教授。主な著書に『検証 安倍イズム――胎動する新国家主義』（岩波新書）、『「次の首相」はこうして決まる』（講談社現代新書）、『「江戸の選挙」から民主主義を考える』（岩波ブックレット）など。

編集：瀧口優貴

権力の核心
「自民と創価」交渉秘録

二〇二四年 十月六日 初版第一刷発行

著者 柿崎明二
発行人 三井直也
発行所 株式会社小学館
〒一〇一－八〇〇一 東京都千代田区一ツ橋二ノ三ノ一
電話 編集：〇三－三二三〇－五九六一
販売：〇三－五二八一－三五五五
印刷・製本 中央精版印刷株式会社

Printed in Japan ISBN978-4-09-825480-4